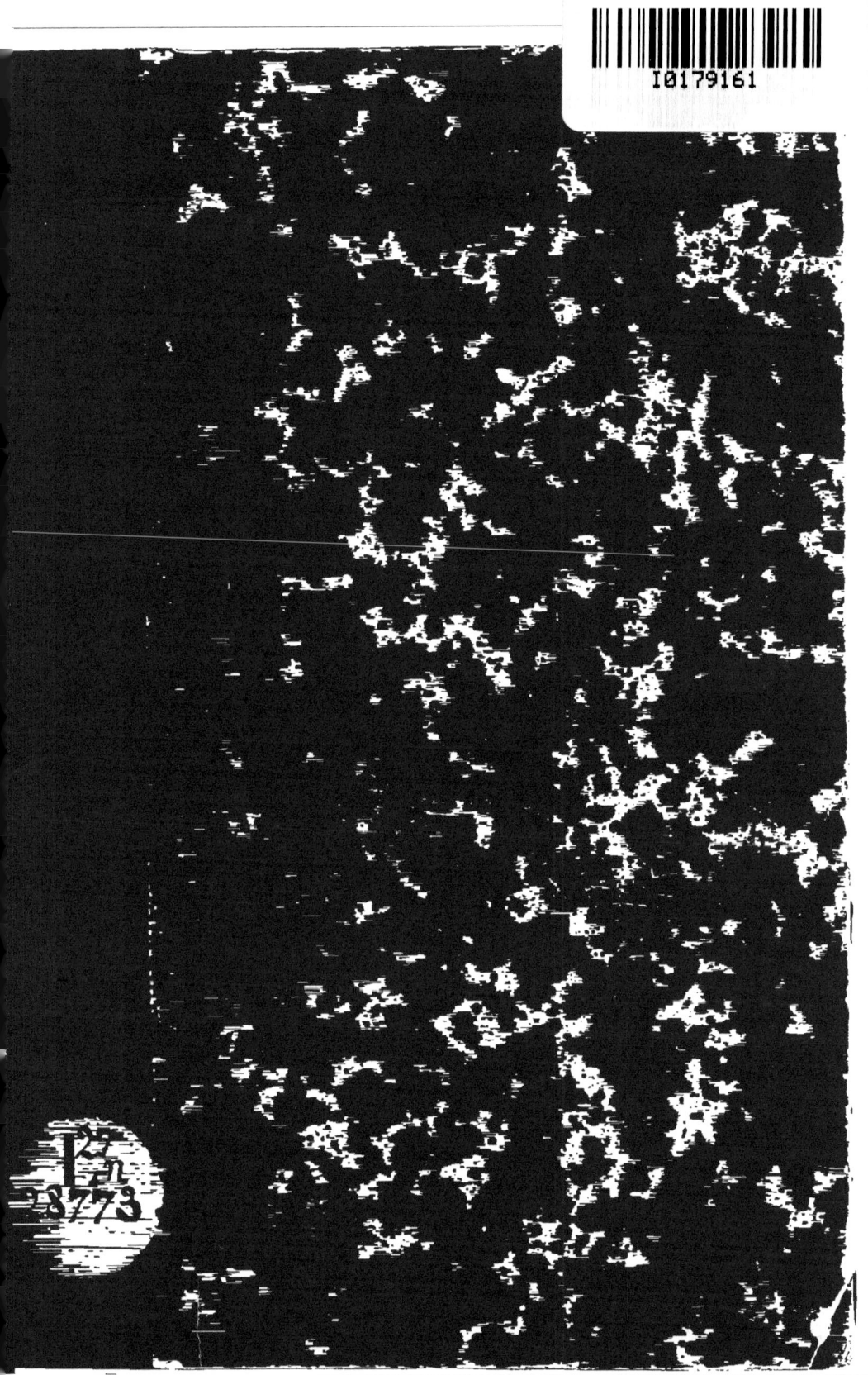

*Tous droits réservés.*

———

# AUTOBIOGRAPHIE

DE

# CH. GOUNOD,

ET

ARTICLES SUR LA ROUTINE EN MATIÈRE D'ART.

ÉDITÉS ET COMPILÉS, AVEC UNE PRÉFACE,

PAR

MME. GEORGINA WELDON.

LONDON:

PUBLISHED BY MRS. WELDON,
TAVISTOCK HOUSE, TAVISTOCK SQUARE, W.C.

[ENTERED AT STATIONERS' HALL.]

———

*Prix 6fr.* (ou 5s.)

PROPRIÉTÉ POUR TOUS PAYS.
VENDU AU PROFIT DE L'ORPHELINAT FONDÉ A LONDRES PAR
MME. WELDON.

# AVIS AU PUBLIC.

Si ce livre éprouve beaucoup de peine à se répandre, c'est parceque tout ce que l'immense influence du nom de GOUNOD peut, sera employé pour frustrer les efforts que je fais pour prouver que nous ne méritons d'aucune façon les odieuses calomnies dont on nous a publiquement flétris.

Il y a plus de quinze jours que, dans le but de propager ma défense et mon Orphelinat, j'écrivis à M. Blanchot, Directeur-Gérant de la célèbre *Bibliographie de la France*, pour le prier de faire des annonces de mes livres dans cet imprimé. Je n'en reçus aucune réponse. Mais dans le numéro du 7 Août, 1875, se trouve la note suivante :

"*Le Conseil d'Administration du Cercle de la Librairie se réserve expressément le droit de refuser les annonces qui lui paraîtraient de nature à porter atteinte à l'intérêt public ou à un intérêt privé.*"

M. Blanchot est un ami de M. de Choudens.

M. Pillet, l'imprimeur de la *Bibliographie*, est un ami d'école de M. Gounod.

Quoique cette intrigue m'est funeste, je ne puis que m'en féliciter, étant une preuve de plus de ce que je compte donner au public comme conséquences d'une persécution privée infligeant des torts irréparables à une personne et son œuvre pendant son vivant. J'aspire à la réformation et non à la popularité ; mes élèves le savent bien, et m'en tiendront compte—c'est pour cela que je subis avec patience et même contentement une injustice qui paraîtrait invraisemblable si je ne me trouvais pas dans la position unique, créée par ma vocation, de pouvoir la dénoncer, non impunément, il est vrai, mais au moins sans risquer mourir de faim.

GEORGINA WELDON.

11 Août, 1875.

## VENDUS AU PROFIT
#### DE
## L'ORPHELINAT FONDÉ À LONDRES.
#### PAR
### Mme. GEORGINA WELDON.

1.—AUTOBIOGRAPHIE DE CH. GOUNOD, et *ARTICLES SUR LA ROUTINE EN MATIERE D'ART.* Édités et compilés, avec une Préface, par Mme. Georgina Weldon. *Prix 6fr.* (ou 6s. par la poste.)

2.—MON ORPHELINAT ET GOUNOD EN ANGLE-TERRE : Lettres et Documents originales, etc. *Prix 6frs.* (6s. par la poste.)

*3.—MON ORPHELINAT ET GOUNOD EN ANGLE-TERRE, récit par Mme. Weldon. *Prix 10fr.* (10s.)

4.—MON ORPHELINAT ET GOUNOD EN ANGLE-TERRE. Par * * * (un résumé). *Prix 5 fr.* (5s.)

5.—LA DESTRUCTION DU POLYEUCTE DE CH. GOUNOD : Mémoire justificatif. Par Mme. Weldon. *Prix 1fr.* (1s.)

6.—LA RÉFORME MUSICALE — Les Concerts Gounod, et autres Articles sur le *Métier Musical,* etc. Par Mme. Weldon. *Prix 2 fr.* (2s.)

7.—LA QUERELLE DE LA Cᴵᴱ DU ROYAL ALBERT HALL AVEC M. CH. GOUNOD. Par Mme. Weldon. *Prix 1fr.* (1s.)

8.—LE TROISIÈME FAUST. Par Mme. Weldon. *Prix 2fr.* (2s.)

9.—HINTS ON PRONUNCIATION, with Hints for a Self-supporting Academy of Music. By Mrs. Weldon. *Price 1s.* (1fr. 25c.)

\* Ce livre ne sera pas mis dans le Commerce. Les autres livres sont traduits ou écrits en Francais et en Anglais, mais ne peuvent paraître simultanément à cause du temps qu'ils demandent pour être imprimés, etc.

# PREFACE.

L'ORIGINE de ce petit livre et les circonstances qui ont occasionné sa composition ne sera peut-être pas sans intérêt pour un bon nombre de mes lecteurs.

La plus grande partie de ces articles a été publiée ailleurs en 1873 et 1874. Le succès qu'ils ont eu m'encourage à les publier dans la forme la plus complète que je puis leur donner, et j'espère pour moi comme pour M. GOUNOD que le succès augmentera au lieu de diminuer.

Avant de connaître M. GOUNOD j'avais depuis plusieurs années le très-vif désir d'écrire, dans ma propre langue, un livre qui s'appellerait : " Jargon". . Les conversations et les raisonnements plats et stéréotypés que je devais écouter journellement sur tous les sujets qui forment l'ensemble de la vie, me frappaient, surtout, par leur coté *comique désolant*, et je pensais que si seulement j'étais *auteur*, si seulement je savais ma grammaire ! quelle satisfaction ce serait de pouvoir servir aux membres du public leurs conversations journalières cuites dans leur propre jus. Je les voyais se tordre de rire aux propos fades et ennuyeux qu'ils liraient, sans reconnaître que voilà éxactement ce qu'ils débitaient chaque jour eux-mêmes, et qu'ils ouvriraient d'aussi grands yeux et d'aussi grandes bouches lorsqu'ils entendraient dire quelque chose qui n'était pas ce que tout le monde dit et ce que tout le monde *doit* penser après avoir lu mon livre, qu'avant.

Quand donc la chance—bonne ou mauvaise (laquelle des deux je ne saurais dire)—me fit faire la connaissance de M. GOUNOD et qu'elle devint l'amitié la plus complète qu'on peut s'imaginer, je lui fis part de mes pensées, encouragée comme je l'étais en l'entendant s'exprimer comme moi sur tant de sujets différents qui m'avaient toujours vivement intéressée, et lui dis, que lui qui écrivait si bien, devrait réunir nos idées, leur donner une forme littéraire,— *écrire un livre* enfin,—et montrer que non seulement il savait écrire la musique, mais la prose aussi, dans la perfection.

Ce livre, donc, est le rejeton de nos conversations, de nos souvenirs, de notre travail réciproque, de nos aspirations au bien et à l'émancipation générale de l'intelligence humaine.

Ce livre est, ou compilé par M. GOUNOD d'après mes idées ébauchées sur papier, ou traduit d'après mes propres articles en anglais, ou écrit d'après ses propres souvenirs et ses propres expériences; il est le fruit d'une collaboration qui a fait le plus grand bonheur de ma vie. Je suis persuadée que M. GOUNOD est le compagnon le mieux adapté à une femme comme moi, autant à cause de sa mauvaise santé et des soins qu'il réclamait de mon mari et de moi, qu'à cause des tourments qu'il nous causait par ses enfantillages, ses caprices et ses violences que son génie et ses charmantes façons enfantines faisaient bien vite pardonner. Mon caractère essentiellement maternelle, doué de l'autorité nécessaire pour conduire et diriger qui ou quoique ce soit (pourvu que je l'entreprenne), éprouvait un très-grand intérêt à guider ce cerveau à la fois malsain et parfait, et l'idée que je pouvais faire servir ce *nom* au progrès des choses me séduisait et m'a, évidemment, aveuglée sur son vrai caractère, (si toutefois ce qui faisait agir ce pauvre homme est digne d'être appelé du caractère.) Si je suis devenue un peu idéale, si je sais donner un peu d'expression ou de forme à mes idées, c'est à lui que je dois cela ; il m'a accoutumée à les vêtir, à les parer et à rendre ce qui naissait une pensée sèche et sans attraits une phrase non dépourvue de grâce et d'attraction.

Cette collaboration intime que nous étions si heureux de nous apporter mutuellement dans presque chaque occupation de notre vie et qui la rendait si intéressante, a été, malheureusement, interrompue. *Interrompue*, je l'espère, car je ne puis la croire *finie*.

Le livre n'est pas fini. Il dépend de M. Gounod seul de le terminer : moi, de mon coté, dans l'édition en anglais, je ferais de mon mieux d'ajouter ce qui y manque, en espérant que ce sera l'enfant de notre imagination qui nous réunira après cette pénible séparation, comme dans les romans, dans les pièces de théâtre et, quelquefois dans la vie réelle, l'enfant réunit le père et la mère.

De notre collaboration aussi se sont produits des

rejetons en chair et en os. M. Gounod parle (page 52) de tout ce qu'il fondait en Angleterre. Tout cela, grâce à un caprice inexplicable et inexpliqué, il a fait crouler en nous quittant ; il me reste six enfants sur les bras avec leur père et mère aveugles dont je suis l'unique soutien, une jeune fille, à qui je paye 600f. par an, dont les parents sont dans un besoin excessif et qui nous doivent beaucoup d'argent : quatre orphelins qui sont adoptés par moi et mon mari, et deux autres enfants à qui je donne leur éducation (l'un des deux demeure chez nous à cause de sa santé chétive).

Je ne me serais jamais hasardée à me charger de tout ce monde si je n'avais pas compté sur l'appui de M. Gounod ; il a violé un contrat et une collaboration qui a duré trois ans sans nous prévenir et sans nous en dédommager d'aucune façon ; parcequ'il s'est conduit ainsi, je ne veux pourtant pas abandonner tous mes pauvres ; c'est dans l'espérance de gagner de quoi m'aider à leur entretien que je publie ce livre et plusieurs autres dont la liste se trouve à la première page. Pour mener notre entreprise à bonne fin je ne réclame que l'indulgence et la sympathie du public ; mon énergie et ma persévérance ne leur feront pas défaut.

GEORGINA WELDON.

Tavistock House, Tavistock Square,
  Août, 1875.

# TABLE DES MATIÈRES.

PAGE

PREFACE.—Par Madame Weldon - - - - - - v

INTRODUCTION.—Sur la Routine—Le *Chic*—Droit des Artistes de critiquer leur art - - - - - - - 1

LE PUBLIC.—La Voix de Dieu—Entretien avec Lesueur, Maître de Gounod—Appréciation du Peuple—Admiration pour Glück—Pour le *Freischütz*—(Robin des Bois)—Mémoires de Mr. Planché, auteur du libretto d'*Obéron*—Critiques sur le *Freischütz*—Mendelssohn en 1843—au Conservatoire de Paris—Aréopage de Momies!—Opinions peu flatteuses sur Mendelssohn - - - 5

LA CRITIQUE.—Supériorité des chances qu'un tableau possède sur une œuvre musicale comme jugement devant le public—Délicatesse du *métier* de Critique—Ténacité de Habeneck—Difficultés pour faire recevoir Beethoven au Conservatoire—Girard—Qu'est ce que la *mélodie?*—*Faust*, 1859—Critique de la *Revue des Deux Mondes*—M. Scudo, auteur du *Fil de la Vierge*—Richard Wagner—*Tannhæuser* à Paris—Valeur de la critique contemporaine demontrée—Madame de Sévigné—Proudhon - 11

LA PROPRIÉTÉ ARTISTIQUE.—Absurdité des lois qui régissent la propriété artistique—Joseph de Maistre—*Sapho* (1851) au Grand Opéra—Madame Pauline Viardot—Mlle. Artot—Mlle. Masson—*Ulysse* (1852), à la Comédie Française—Mr. Escudier grave *Ulysse*—Roqueplan—Scribe—G. Delavigne—*La Nonne Sanglante*—Berlioz—1854, *La Nonne Sanglante* à l'Opéra—Crosniez—*Le Livre d'Or*

—Brandus et Dufour—Jules Barbier et Michel Carré—
*Faust* (1855)—Le Théâtre Lyrique—M. Carvalho—*La
Reine Topaze*—Le *Faust* de la Porte St. Martin—Dés-
appointement de Gounod—Alphonse Royer—*Le Médecin
malgré lui* (1858)—M. Colombier—Mort de la Mère de
Gounod—*Faust*, 19 Mars, 1859, première représentation
—Prosper Pascal—M. de Choudens—*Philémon et Baucis*
—*La Colombe*—Bote et Bock de Berlin—Chappell de
Londres—Voyages Commerciales de Gounod avec
Choudens—Verdi à Paris—*La Reine de Saba* (1862)—
*Mireille* (1864)—*Roméo et Juliette* (1867)—1870, *Polyeucte*—
La Guerre Franco-Prussienne—La Famille Gounod se
réfugie en Angleterre—Novello, Ewer, et Cie.—M.
Littleton—*Gallia*, 1er Mai, 1871, Royal Albert Hall—
Oratorio Concerts—Mr. Barnby—*Royalty Système*—Sir
Julius Benedict—M. et Madame Weldon—Société
Chorale de Mr. H. Leslie—Mr. Rimmel—Fréderic Clay
—*Albion, ô sœur généreuse!*—La *Siesta* (duo), Mr. F. Pal-
grave—Lettre de Gounod à Choudens—Mr. A. Lemoine
—£2,000 à partager entre chanteuse, éditeur et compo-
siteur, sur une seule mélodie vendue sur le système de
*Royalty*—Maison Duff et Stewart—Affiches à Londres—
Monday Popular Concerts—London Ballad Concerts—
*Bazaars* Musicales—Gounod fonde à Londres des Con-
certs (page 52)—Collaboration entre lui et ses amis Wel-
don—*Pépinière* vocale de Madame Weldon—Ecole de
Chant et de Musique—Ruses des éditeurs—Conventions
internationales—Dépot de *Faust* à Stationers' Hall—Mr.
Mapleson—Mr. Gye—Mr. Gambart—Saison de Londres,
1863—Traité de *Faust*—Mr. Weldon—Garrick Club—
Découverte à Stationers' Hall—Propositions de M. de
Choudens à Gounod.

URGENCE D'UN CONGRÈS ARTISTIQUE INTERNATIONAL.—
*Festivals de Musique* : Dusseldorf, Cologne, Bonn,

Birmingham, Gloucester, Hereford, Norwich—Metzler—Compositions bâtardes—Honteux trafic du Commerce Musical—Impunité avec lequel on le poursuit en Angleterre et ailleurs—Beethoven et la Neuvième Symphonie—*La Flute Enchantée* arrangée en Pantalon et en Galop—Méprises d'enregistrements et de dépots—La perte subie par l'auteur seul—Diplomatie éditoriale—Ouverture soi-disant des *Puritains*—Abolition du Domaine public—Fondations de Bibliothèques et Imprimeries Nationales Loi du Bail—*(à continuer)* - - - - - - 65

LES AUTEURS.—Mot de Mozart—Description du caractère d'un génie musical—Gounod en l'écrivant croyait faire son portrait et décrire les sensations que lui inspirait la vie calme et paisible qu'il menait à Tavistock House en compagnie de M. et Mme. Weldon—*(à continuer)* - 78

LA CRITIQUE MUSICALE ANGLAISE.—Etalage de fugue—Artifices de la littérature musicale—Fanatisme pour Haendel—pour Bach—Enigmes de Contrepoint—Sphinx Musical—Messe de Pipelare—Messe du Pape Marcel—Palestrina - - - - - - - - 84

PRÉFACE AU GEORGE DANDIN DE MOLIÈRE.—Innovation de la prose unie au chant au Théâtre—Objections probables des *habitueux*. Ancienneté, dignité, rhythme du *vers*—Oratorios écrits sur la *prose*. Supériorité, selon Gounod, de la prose sur le vers en musique—Admiration de Gounod pour Molière. Sympathie pour ses infortunes conjugales—Armande Béjart - - - - - 88

LES INTERPRÈTES.—Egoisme des chanteurs—Mr. Ingres sur le dessin—Manque de *probité* musicale parmi les chanteurs—Manie de " montrer sa belle voix"—*(à continuer)* - 93

L'ENSEIGNEMENT.—Halévy—*La Juive*. Bons professeurs—bons élèves—Mécanisme de la Voix—des doigts—Sentiment sans exécution de la caricature—*(à continuer)* - 96

LES COMPOSITEURS CHEFS-D'-ORCHESTRE. — Prétention
légitime d'un Compositeur à diriger lui-même son œuvre
—Habitude dans tous les pays excepté en France—
Wagner au Grand Opéra—Dignité du Chef-d'Orchestre
—Mort de Georges Hainl—Nomination d'Ernest Deldevez—La Coutume !—Procès avec un éditeur de Londres
—l'Idéal—le Réel—Raphael - - - - - - 104

LES PÈRES DE L'EGLISE DE LA MUSIQUE—études esthétiques
—La tradition le *garde fou* de la Raison—Le Génie expression de la Raison Esthétique. Distinction entre le
Génie et le Talent—*(à continuer)* - - - - - 113

# AUTOBIOGRAPHIE
DE
# CHARLES GOUNOD.
ET
## DE LA ROUTINE EN MATIERE D'ART.

### INTRODUCTION.

La *routine* est une maladie chronique dont l'état aigu est le *préjugé*. Parmi les nombreux obstacles qui entravent la marche de l'esprit humain et retardent le progrès des lumières, un des plus funestes est assurément la routine, cette paralysie mentale qui fait admettre ou repousser une proposition sans l'avoir préalablement soumise au contrôle de la réflexion. Rien n'est fatal au développement et à la vigueur de l'intelligence comme ces *formules* toutes faites que l'éducation ou le contact jette dans l'esprit, et qui, au lieu de l'exercer à la gymnastique de la pensée, qui, seule, peut le mettre en possession des *idées*, le font tomber peu à peu dans cet état de rigidité cadavérique qu'on appelle la routine. Le préjugé est une sorte de denrée de contrebande qui n'a pas été visitée à l'octroi de la raison. Il y a une infinité de gens qui ne vivent que sur des préjugés et qui n'ont jamais rien vu qu'à travers cette détestable lorgnette qui déforme et décolore tous les objets. Ces gens-là n'ont *pas d'idées;* aussi parlent-ils avec cette sorte d'abondance, de facilité, même d'élégance qui, dans l'argot des ateliers, est désignée sous le nom de *chic*. Il y a les gens qui parlent *de chic*, comme il y a les peintres qui peignent *de chic*. Quelque étrange que cela puisse paraître, la routine engendre à la fois la ténacité et l'inconséquence : la ténacité, résultat d'habitudes invétérées qui, en portant à la souplesse de l'esprit des coups de plus en plus profonds, finissent par convertir en un état stationnaire d'absurdité cette foule de notions dont on a négligé d'examiner la valeur ; l'inconséquence, parceque tout ce qui est artificiel manque de racines, et que les notions vraies ont seules un centre commun et des racines communes. La vie, dans l'ordre intellectuel, est soumise aux mêmes lois de génération et de développement que la vie organique. La loi de la vie est une et universelle. Pour qu'un être vive, il faut qu'il se développe ; et pour qu'il se développe, il faut qu'il convertisse en lui-même, par certains procédés d'assimilation, des éléments qui ne sont pas lui ; il faut qu'il *décompose*, qu'il *absorbe*, et qu'il *élimine*. C'est à ces conditions seules qu'il peut y avoir *nutrition*. Ces fonctions distributives et assimilatrices qui, dans la vie organique animale, sont exercées par l'estomac et autres appareils vis-à-vis des éléments de la nutrition, sont remplies, dans la vie intellectuelle, par la *réflexion*. La réflexion est l'estomac de l'intelligence. Jugez de ce qu'il y a d'intelligences qui digèrent mal ! Cette atonie de la routine est à l'énergie de la réflexion ce que l'eau stagnante et croupie est à l'eau vive et courante, ce que la stérilité est à la fécondité, la paresse au travail, la maladie à la santé—ce que la mort est à la vie. Il semble donc qu'entre la routine et la réflexion, le choix ne puisse être douteux, et que le gouvernement de la réflexion doive être reconnu, sinon par l'unanimité, au moins par l'immense majorité des suffrages. Hélas ! il s'en faut bien que les choses se passent ainsi. En dépit de ce qu'on a nommé, je ne sais trop pourquoi, le *sens commun*, l'immense majorité des hommes se conduisent, ou plutôt se laissent conduire par la routine, ce manuel des pédants, ce catéchisme des moutons de Panurge ; l'immense majorité des hommes s'obstinent à regarder par d'autres yeux et à entendre par d'autres oreilles que les leurs. En religion, en politique, en philosophie, en art, en tout, l'on a ou son journal, ou son entourage, dans lequel on trouve son opinion toute faite, toute cuite, toute *mâchée*, sans avoir seulement pris la peine d'y donner ni un tour de broche, ni un coup de dent ;—abdication de soi-même sur toute la ligne—résignation de tout son être, sensibilité, intelligence, raison, entre les mains de telle coterie ou de tel charlatan pourvu d'une grosse caisse pour amasser la foule et d'un casque pour l'éblouir. Quelles sont les causes de cette confiscation de l'âme publique ? Ce mal est-il incurable ? Y a-t-il des moyens d'y remédier ? S'il y en a, quels sont ils ?—Voilà, ce me semble, des questions qui méritent bien qu'on s'en occupe, qu'on les approfondisse, qu'on tente quelques efforts pour les résoudre, ou, du moins, pour en préparer la solution. Bien que les causes de progrès ou d'abaissement soient, au fond, les mêmes pour tous les arts (les différents arts n'étant que les dialectes multiples d'une même langue qui est l'art), je n'empiéterai pas sur un domaine qui n'est pas le mien, et je me bornerai à constater ces causes et leurs effets dans la sphère de la musique, l'art auquel j'ai consacré ma vie. Si mes observations sont vraies, elles s'appliqueront d'elles mêmes et tout naturellement aux autres arts, toutes réserves faites, bien entendu, sur la différence ou la variété des conditions spéciales à chacun d'eux, variété qui, toute-fois, ne saurait atteindre les causes fondamentales. Les trois éléments principaux qui sont en jeu dans le monde des arts sont les *auteurs*, le *public*, et la *critique*. A ces trois éléments il s'en ajoute, en ce qui concerne l'art musical, un quatrième : ce sont les *interprètes* (acteurs et chanteurs). J'aurai donc à considérer quelles sont les fonctions de ces quatre éléments et comment elles doivent être remplies. Je rapporterai, comme une annexe mixte, à la catégorie des critiques et à celle des chanteurs, la question des *éditeurs* qui, bien que leur rôle soit moins apparent et moins connu, n'en sont pas moins un rouage important dans l'ensemble du mouvement musical. On conteste souvent aux artistes le droit d'écrire sur les arts, sous pretexte qu'on ne peut pas être juge et partie dans sa propre cause, et que l'opinion d'un artiste est nécessairement et fatalement partiale. Cet argument n'est qu'un sophisme. En effet, si, par le mot *partialité* on entend la *mauvaise foi* réfléchie, préméditée, ce n'est plus une question d'art ; c'est un cas de moralité qui relèverait des tribunaux s'ils pouvaient l'atteindre, et je n'ai pas à m'occuper de ce point de vue. Si on entend seulement par là cette disposition naturelle, inhérente à chacun de nous, à préférer une chose à une autre, à éprouver de la sympathie pour ceci et de l'éloignement ou de l'indifférence pour cela, il est clair que tout le monde est partial, et que personne n'a le droit de porter un jugement, l'homme spécial moins que tout autre, attendu que son organisation même lui impose des attractions et des répugnances plus vives et plus profondes qu'aux autres hommes. Mais la question n'est pas là. Il ne s'agit pas de dire si on aime plus ou moins, un peu, beaucoup, passionnément, ou pas du tout, telle ou telle œuvre ; ceci est une affaire de sympathie personnelle qui ne prouve absolument rien. Que je préfère Mozart à Beethoven, ou Beethoven à Mozart, cela ne démontre ni n'empêche que tous les deux ne soient de très-grands génies ; la prédilection n'a rien à démêler avec cet hommage d'admiration, cette équité d'analyse qui constitue la valeur de la critique. Il se peut très-bien faire qu'un peintre salue dans un maître comme Rubens un génie de premier ordre et des mérites suprêmes comme peintre, sans cependant éprouver pour cette sorte de peinture le charme particulier qui résulte d'un rapport intime avec notre tempérament et qui est la raison de nos préférences. Il arrive chaque jour que nous rencontrons de fort belles personnes qui ne nous disent rien, ce qui ne nous empêche pas de tomber d'accord qu'elles sont fort belles. Il est donc tout à fait sophistique de prétendre qu'un artiste ne peut pas porter de jugement impartial en fait d'art, par la raison qu'il fait de l'art lui-même. Ceci est un exemple de préjugé qui confond deux choses parfaitement distinctes—l'attrait et le jugement. Autant vaudrait dire que, pour parler chimie, physique, astronomie, ou médecine, le mieux est de ne les avoir pas étudiées. Ne nous payons pas de sophismes, ces bâtards dont le père est le préjugé, qui emprisonnent l'esprit dans la routine et l'épuisent dans le vide. Habituons-nous à regarder les objets par nous-mêmes, sérieusement, avec cette attention qui est la probité de l'intelligence, certains que, mieux nous les aurons observés et pénétrés, plus nous aurons acquis le pouvoir et le droit d'en parler.

## LE PUBLIC.

Le Public est cet être collectif, impersonnel, anonyme, irresponsable, de qui on dit *Vox populi, vox Dei :* " la voix du Public, c'est la voix de Dieu." C'est le suffrage universel. Il s'agit d'examiner quelle est la valeur du suffrage universel en fait d'art, et le degré d'autorité qu'il convient d'accorder, en cette matière, à ce souverain juge qu'on appelle "la voix de Dieu." Avant d'entrer dans l'examen de cette question, il importe d'établir une distinction essentielle. Il y a plusieurs sortes de Public, mais il y en a surtout deux dont l'étude est particulièrement utile à la question qui nous occupe. Il y a le Public *contemporain*, et il y a cette autre espèce de Public qu'on nomme la *Postérité ;* public permanent, qui traverse les siècles, majorité toujours croissante, définitive et décisive, qui n'est, en somme, qu'une accumulation de minorités, une sorte de *humus*, de terre végétale intellectuelle qui représente la somme de vitalité des âges précédents et supporte la vitalité des âges futurs. Ce Public-là est celui dont le suffrage, sans appel et sans repentir, acclame Homère, Virgile, Shakespeare, Cervantès, Molière, La Fontaine, Phidias, Michel-Ange, Raphaël, Rubens, Galilée, Newton, Palestrina, Bach, Mozart, Beethoven, etc., dynastie séculaire des souverains de l'esprit. Ces deux Publics (le Public contemporain et la Postérité), portent souvent des jugements bien divers, bien opposés, et plus d'un, parmi les hommes que l'admiration des siècles a consacrés sans retour a été, devant le Public contemporain, martyr de son propre génie. Nous verrons, plus loin, pourquoi toute supériorité est une croix, et pourquoi la couronne d'épines précède, sur le front des élus, l'auréole de l'immortalité. Qu'on me permette de rapporter ici un entretien que j'eus avec un de mes maîtres, l'excellent et vénérable Le Sueur, âme fervente, restée simple et naïve, jusqu'à sa dernière heure, comme celle d'un enfant. Nous parlions du Public, et j'exprimais à Le Sueur mon peu de confiance dans la valeur de l'adage que j'ai cité en commençant, *vox populi, vox Dei.* " Si le

proverbe a raison," lui disais-je, "le bon Dieu est bien souvent en contradiction avec lui-même ; repoussant aujourd'hui ce qui le charmait hier, et sifflant, la veille, ce qu'il applaudira frénétiquement le lendemain. Sans remonter à la *Phèdre* de Pradon, éclipsant momentanément celle de Racine, le talent n'a-t-il pas, d'ordinaire, le pas sur le génie ? Les œuvres, àpres tout, secondaires de Piccini, n'ont-elles pas rivalisé, même avantageusement aux yeux de bien des gens, avec les conceptions bien autrement viriles et les accents bien autrement fermes, éloquents, et pathétiques de l'immortel Gluck ? Est-ce que la médiocrité n'est pas le niveau de la majorité ? Est-ce que le *vulgaire* ne se complaît pas surtout à la vulgarité, à la banalité ? Est-ce que l'Horace n'a pas écrit : *Odi profanum vulgus et arceo ?* Si tout cela est vrai, que devient cette prétendue autorité de la multitude ?"
—" Mais, mon cher enfant," interrompt Le Sueur, " entendons-nous. Il y a public et public. Tu me parles ici de ce public, des gens du monde qui vont au théâtre pour s'y faire voir dans des toilettes recherchées, qui arrivent tard, qui partent avant la fin, qui, au lieu d'écouter ce qui se passe sur la scène, ne sont occupés que de ce qui se passe dans les loges, qui regardent les diamants de madame une telle, ou qui causent, ou qui dorment, ou qui se promènent dans les foyers ou les couloirs pour parler de leurs affaires, ou qui arrivent à l'heure du ballet pour se sauver quand la danse est finie. . . . Je n'appelle pas cela le Public : c'est une réunion d'oisifs, de blasés, qui viennent tuer le temps au théâtre et y finir le babillage du jour ou y commencer le sommeil de la nuit. Veux-tu savoir ce que c'est que le Public ? Va voir une *représentation gratis*. A l'époque où j'étais maître de chapelle et directeur de la musique de la cour (sous l'Empereur Napoléon I$^{er}$), j'ai eu, plusieurs fois, à organiser, pour l'Opéra, le programme de *spectacles gratis*. C'étaient, le plus souvent, des œuvres de Gluck qui étaient choisies pour ces sortes de solennités. Eh bien, je te déclare que jamais je n'ai vu les ouvrages de ce grand maître produire sur le public habituel la centième partie de l'impression qu'ils produisaient sur cette foule inculte, grossière, illettrée, étrangère aux raffinements du talent, mais sensible aux accents du génie ; candide, simple, vierge de toute préven-

tion et de toute banalité, et apportant, devant l'expression profonde et sincère du pathétique, des âmes faites pour la vérité et toutes prêtes à la reconnaître et à la recevoir. Ces hommes et ces femmes du peuple pleuraient et sanglotaient à des beautés d'accent que les gens du monde laissaient passer inaperçues. Voilà, mon cher enfant, ce que j'appelle le Public." Le Sueur avait raison. Aux deux pôles extrêmes, lui et le peuple ressentaient les mêmes impressions. Mais pourquoi cette différence entre eux et le *Public moyen*, celui de chaque jour ? D'abord, remarquons que nous sommes au théâtre, où il s'agit de *l'art dramatique ;* c'est-à-dire non pas de la somme de *talent spécial, d'habileté de main* déployés par l'auteur, mais de la *puissance de conception et d'expression* qui produit sur l'auditoire *l'impression*. Or rien n'oblitère et n'émousse la sensibilité comme l'habitude de la banalité. Lorsque Gluck apporta au théâtre la hardiesse de son inspiration sincère et son dédain pour le convenu et le poncif, il eut contre lui les clameurs de la routine, et fut obligé de défendre lui-même ses œuvres contre la critique de son temps dans des lettres qui sont des chefs-d'œuvre d'éloquence et de bon sens, et qui resteront des modèles de conviction et de fierté. Gluck avait à lutter contre cette prévention inconsciente d'un auditoire amolli, engourdi par des formules surannées; de tous côtés, on lui reprochait la *violence* de ses accents que l'on qualifiait de *cris*, et l'absence de ces tournures musicales, de ces *passages* où se délectaient les oreilles paresseuses, et qui étaient ou des insignifiances ou de véritables contre-sens. Le génie est, avant tout, une expression de la vérité ; c'est pourquoi il s'adresse, avant tout, aux âmes simples et naïves. Le génie, comme la révélation, est venu principalement " évangéliser les pauvres." Voilà pourquoi Le Sueur avait raison de dire que la vérité dramatique saisissait plus profondément le peuple que tout autre public : voilà pourquoi et dans quel sens le *vox populi, vox Dei* est vrai : le *Peuple*, c'est déjà la Postérité.

Ainsi que nous l'avons vu dans la partie précédente de cette étude, il est manifeste que le Public, tout impartial qu'il soit par nature, est néanmoins, ainsi que *l'Homme* de Montaigne, "ondoyant et divers," et n'arrive pas du premier coup à cette fixité d'appréciation, à cette unanimité d'assentiment qui

constitue le jugement de la postérité. J'ai dit, quant à ce qui
concerne le Public pris en lui-même, qu'il faut évidemment
lui reconnaître une part de Routine qui lui est propre et
qui est la conséquence des formules successives et diverses
avec lesquelles le familiarisent ses habitudes journalières
et l'empire de la vogue, ce succès temporaire et passager
dont la force et la durée varient sans cesse. Mais il serait
injuste de rejeter sur le Public seul la responsabilité entière
de la Routine. Quelque entiché, quelque affolé que soit le
Public des œuvres qui le charment et le séduisent, il contient en lui-même le principe d'indépendance, de liberté,
j'allais dire de polygamie spirituelle qui désespère ses
anciennes maîtresses, et qui fait de lui ce merveilleux
Phénix renaissant de ses cendres et portant en soi la
guérison de tous ses dégoûts, le germe de tous ses enthousiasmes, et les consolants sourires de son éternelle jeunesse.
C'est que le Public est impersonnel : c'est par là qu'en
dépit de ses égarements, il échappe toujours, dans un
temps donné, à cette pétrification de la Routine dont les
victimes sont, en quelque sorte, les fossiles du monde
intellectuel ; c'est par là qu'il est la sentence définitive qui
confirme ou annule les jugements partiels et conséquemment partiaux des individus : c'est par là qu'il est un centre
lumineux en regard duquel les individualités, même les
plus puissantes, ne sont que les points d'une circonférence,
lesquels, parfois aux antipodes l'un de l'autre, peuvent se
nier l'un l'autre, frères ennemis que réconcilie dans un
même foyer l'embrassement maternel de l'humanité. Nous
ne remarquons pas combien la Providence a été généreuse
envers chacun de nous, dans ce merveilleux dessein de la
variété des génies. La Routine est un cuisinier qui vou-
drait ne jamais nous servir qu'un plat, toujours le même.
Si Dieu nous eût réduits à la société unique de notre *moi*,
il eût tari en nous la source de la vie. Ne nous a-t-il pas,
au contraire, donné, pour le voir et le comprendre, autant
d'yeux et d'oreilles qu'il a créé d'hommes de génie pour
parler à nos oreilles et à nos yeux ? Chacun d'eux n'est-il
pas une note de cette gamme immense dont les sons
combinés produisent ces sublimes accords qui constituent
l'harmonie des intelligences ? Le Public, celui dont est
faite la postérité, est le temple, à la fois idéal et réel, où
sont honorés tous ces saints d'un même Dieu, qui est le

beau éternel, un et multiple, mais sous la multiplicité duquel chacun de nous n'est pas assez vaste pour saisir l'unité. La postérité est le catholicisme du beau comme du bien et du vrai. Le Public échappe donc, en définitive, par la force de l'élément impersonnel, aux chaînes de cette prévention qui peut rendre et qui rend si souvent l'individu rebelle et réfractaire à la voix de la nouveauté. Il semble qu'avec de pareilles chances d'impartialité, avec de pareilles garanties de souplesse et d'élasticité, il devrait être absolument inaccessible aux temporisations de la Routine. Aussi faut-il reconnaître qu'il s'en dégage avec plus de promptitude et d'énergie que les minorités de ces savants ou de ces demi-savants dont le bagage est pire que l'ignorance, et dont les jugements, obscurcis par l'étroitesse de vues ou enchaînés par la mauvaise foi, maintiennent dans le doute et dans la résistance une parti plus ou moins considérable de ceux qu'ils auraient dû être les premiers à éclairer. On n'imagine pas avec quelle régularité le pharisaïsme de la fausse science s'interpose entre les hommes et la vérité. En art, comme en tout le reste, l'histoire en fournit la preuve incessante. J'ai parlé plus haut des luttes que Gluck eut à soutenir contre les préjugés de la critique de son temps. Qu'on me permette de citer quelques autres exemples non moins frappants de cette lutte perpétuelle entre les artistes et la Routine. Je lisais dernièrement les mémoires de M. Planché, l'auteur du libretto d'*Obéron* et le collaborateur de Weber, et j'y voyais ceci. Lorsque l'opéra " le *Freyschütz* " (Robin des Bois) fut représenté pour la première fois, en Angleterre, il y a environ quarante-cinq ou quarante-six ans, savez-vous ce que déclarèrent les juges souverains de la presse à cette époque ? Savez-vous en quels termes ils apprécièrent ces mélodies tour à tour si colorées, si exquises, si passionnées, auxquelles notre jeunesse a dû ces impressions si vives dont la trace demeure ineffaçable dans notre souvenir ? Ils décrétèrent que cette musique ressemblait exactement au bruit que l'on ferait en sifflant dans le trou d'une clef ! Sans le célèbre chœur de chasseurs (auquel le reste de la partition dut son pardon), nous ne connaîtrions peut-être aujourd'hui ni cette merveilleuse fantasmagorie de "la fonte des balles," ni le grand air d'Agathe, chef-d'œuvre de tendresse chaste et passionée, air sublime dont le temps n'a pas encore flétri une seule note. Voilà un exemple de la sûreté de jugement qui caractérise les verdicts de cette magistrature qu'on nomme "la critique."—En voici un autre. J'ai eu le bonheur d'approcher Mendelssohn, et le regret de ne le connaître que pendant quatre jours que j'ai passés avec lui du matin au soir, à Leipzig, en mai 1843. Mendelssohn ! enlevé si jeune à cet art divin dont il est et restera l'une des gloires les plus hautes et les plus pures ! Mendelssohn ! non-seulement ce génie doux, tendre et sévère à qui nous devons tant d'œuvres si nobles dans le genre sacré et de fantaisies si colorées dans le genre profane— mais encore ce musicien consommé, cette organisation prodigieuse, qui, à l'âge de quatorze ans, dirigeait en public, par cœur, l'exécution du grand oratorio de J.-S. Bach "la Passion selon saint-Matthieu !" Je me rappelle, moi qui écris ces lignes, avoir assisté, tout jeune encore, à un des concerts de la Société des Concerts du Conservatoire de Paris, où Mendelssohn se faisait entendre, pour la première fois à Paris, comme pianiste, et jouait, de mémoire, le concerto en "ut mineur" de Beethoven. Je me souviens qu'on disait partout : "Quel jeu froid, sec, ennuyeux, sans charme, sans intérêt ?" — A quelques années de là, ce même Mendelssohn, qu'on avait si judicieusement apprécié comme pianiste, faisait son entrée, comme compositeur, dans les programmes des concerts du Conservatoire. On croirait que le descendant de Bach, de Handel, et de Beethoven aurait dû être protégé par les ombres de ses aïeux, dont les œuvres, qui, elles aussi, avaient eu leurs jours de lutte, étaient enfin en honneur et régnaient en souveraines dans ce sanctuaire du dillettantisme raffiné. Point. Le phénomène habituel se produisit immédiatement : sauf quelques auditeurs (vivant par eux-mêmes), tout l'aréopage des momies, toute la nécropole des juges dont on venait secouer la poussière dans le tombeau de leur routine, protesta contre l'intrusion du nouveau Dieu qui osait se présenter au seuil de l'Olympe. C'était à qui renverrait ses billets à la location ou en ferait cadeau à ses amis, les jours où on jouait ces œuvres qui sont devenues célèbres, et qui font aujourd'hui les délices de tous les publics, même de celui du Conservatoire, plus conservateur que tout autre, et, par conséquent, moins pressé d'ouvrir aux novateurs les portes du temple où siègent les anciens dieux. Je pourrais multiplier les exemples ; mais ceux que j'ai cités suffisent pour démontrer l'empire de la Routine soit chez les classes, soit chez les individus que l'on appelle éclairés.

## LA CRITIQUE.

Montesquieu a dit : " Plus il y a de sages dans une assemblée, moins il y a de sagesse." Ce qui veut dire que, plus il y a de points de vue particuliers, exclusifs, personnels sur une question, plus il y a de chances de dissension, d'anarchie, et de perturbation de cette grande unité qui est la vérité. Qu'on suppose, pour un moment, un critique quelconque chargé de recevoir et de refuser les tableaux à une exposition de peinture ! Combien d'œuvres originales et supérieures ne seront pas rejetées !—Ces collections précieuses que nous appelons des musées ne sont pas autre chose que les monuments de cette équité universelle qui protège les chefs-d'œuvre contre l'indifférence ou l'antipathie personnelle et les conserve à la vénération et à l'enseignement de l'humanité. Si nous transportions notre hypothèse du domaine de la peinture dans celui de la musique, nous verrons se multiplier les chances d'erreur sous l'empire de la routine. Un des grands avantages de la peinture sur la musique, c'est de s'exprimer par des œuvres qui se présentent directement au public, c'est-à-dire sans le concours des intermédiaires de toute sorte dont l'œuvre musicale a besoin pour se produire. J'aurai l'occasion de développer ce point de vue, lorsque je m'occuperai des interprètes ; je le signale néanmoins dès à présent, parce que c'est là une des considérations qui peuvent faire comprendre toute la délicatesse d'une tâche telle que la critique, et combien l'interprétation doit nécessairement exposer le critique à se méprendre sur la valeur de l'œuvre sur laquelle il doit porter un jugement ; car une interprétation intelligente ou insuffisante peut abuser l'auditeur sur le mérite d'une exécution brillante, peut lui cacher le vide d'une banalité. Mais ce n'est pas tout. Tandis qu'un tableau est une œuvre fixée, persistante, devant laquelle le spectateur peut s'arrêter à loisir, et qui, de plus, se présente à lui d'un seul coup dans son ensemble, l'œuvre musicale est fugitive et ne se révèle à l'intelligence et à la sensibilité de l'auditeur que dans un ordre de succession qui enlève forcément, à la plupart des détails, le degré de valeur que leur donne l'ensemble : et, si l'on songe à la part de la mémoire dans le succès d'une œuvre musicale, on conviendra sans peine qu'il est bien difficile de se prononcer sur la première audition d'un ouvrage dans lequel tant d'éléments se partagent et se disputent l'attention. Or, comment les choses se passent-elles le plus souvent en fait de critique musicale ? Je dis "le plus souvent," car il n'est pas douteux qu'il y a des critiques assez scrupuleux pour prendre le temps de connaître une œuvre avant d'en parler. Mais qu'arrive-t-il en général ? Je le demande aux artistes : qui de nous qui savons ce qu'il en coûte d'apprendre, et combien plus encore de cacher le peu qu'on sait, au lieu d'en faire un étalage de grammairien ou de rhéteur pour la plus grande joie ou le plus grand dépit des pédants ; qui de nous, au lendemain de la première représentation d'une œuvre de longue haleine, hérissée de complications, exigeant des études de toute sorte, d'une œuvre où son auteur a jeté peut-être des années de son cœur et de son cerveau, années composées non-seulement de jours, mais de jours et de nuits, arrosées de ses larmes, ce sang de l'amour et de la pensée ; qui de nous, je le demande, assumerait la responsabilité d'un jugement immédiat, définitif, sur un ouvrage de ce genre et de cette étendue ? Cependant, voici qu'un critique va venir s'installer, à son heure, dans un bon fauteuil d'orchestre, que l'administration du théâtre a pris soin de lui mettre de côté, pour lui épargner la peine et l'ennui d'attendre le lever du rideau comme un simple mortel ; et, le lendemain matin, ce critique va déclarer à quarante, cinquante, soixante mille abonnés du journal dont il est le chargé d'affaires artistiques, que cet opéra, dont il ne connaissait pas une note et qu'il a entendu hier pour la première fois de sa vie, est un chef d'œuvre ou une ordure. Qu'en sait-il, je vous prie ? Mais nous, hommes du métier, qui voulons comprendre et qui savons écouter, nous ne voudrions pas porter un jugement, et surtout un jugement public, imprimé, irrévocable, sur une œuvre dont nous n'aurions reçu qu'une impression si rapide, si fugitive : et, pour ma part, si le sort m'eût placé dans cette situation (délicate pour les gens délicats), d'avoir à rendre publiquement compte d'une œuvre dramatique, voici ce qui j'aurais eu l'honneur de dire à l'administrateur du journal : " Monsieur, la mission que vous me confiez là est grave : peut-être suis-je capable de la remplir avec connaissance de cause ; mais pour être je ne dis pas juste, mais seulement honnête en pareille matière, il faut, avant tout, n'être pas léger ni précipité ; il faut savoir imposer quelques jours de silence, de réflexion, de prudence, au tumulte des premières impressions nécessairement vagues et confuses ; il faut prendre le temps de se débrouiller un peu dans cette multitude d'airs, de duos, de morceaux d'ensemble, de chœurs, de finals : il faut mettre quelque ordre, quelque clarté dans ce chaos de situations, de caractères, de coloris instrumental, de mise en scène, de chorégraphie, de décorations, de machinisme, &c. Cette justice, qu'on appelle impartialité, n'est pas tout entière dans la sincérité ; tout sincère qu'on soit, on peut rester partial, de cette partialité involontaire, inconsciente, qui consiste à demeurer captif dans son propre point de vue, sans prendre la peine de se placer au point de vue nouveau, inattendu, d'où il faudrait contempler le sujet. Je veux, autant qu'il dépend de moi, ne point m'exposer à me dédire ou à me contredire. Veuillez donc consentir à ce que mon analyse du nouvel ouvrage ne paraisse que quand je l'aurai assez entendu pour pouvoir honnêtement dire que je le connais."

La Critique est-elle bien utile ? J'allais dire est-elle bonne à quelque chose ? J'avoue que j'en doute fort. La Critique est un métier, disons même une profession ; est-elle une mission ? Pour moi, je n'y vois guère qu'un jeu de l'esprit, un amusement : histoire de parler, comme on dit. Quand on se sera évertué à combattre Eugène Delacroix au nom de M. Ingres, ou M. Ingres au nom d'Eugène Delacroix, qu'aura-t-on prouvé et qu'aura-t-on produit ? Absolument rien que de parfaitement inutile et oiseux. Il pourrait être utile de mettre en évidence les qualités d'un homme ou d'une œuvre ; car ce n'est pas l'absence des défauts qui fait les grands maîtres et les chefs-d'œuvre, c'est la présence des qualités. Le progrès, ce mouvement qui produit les sommités, cette croissance qui fait les géants, ne consiste pas à acquérir les dons que la nature ne nous a pas faits, mais à développer les germes qu'elle a mis en nous et qui sont la forme et la raison de notre personnalité. L'artiste n'est autre chose qu'une certaine manière de sentir, revêtue d'une certaine manière d'exprimer ; c'est-à-dire tout ce qu'il faut pour déconcerter et dérouter les esprits à courtes vues qui jugent de tout d'après leurs habitudes invétérées, et n'ont d'autre criterium que la routine, ce diagnostic des myopes, ce formulaire des cuistres, cette férule des pédants. Le génie est l'expression d'une certaine proportion parfaite entre deux éléments ; l'élément idéal, absolu, impersonnel, qui assigne aux œuvres leur niveau et leur durée ; et l'élément réel, relatif, personnel, qui est la raison de leur nouveauté. En d'autres termes, le génie est " une manière nouvelle de dire des choses qui ne le sont pas :"—*Nove, non nova*. Croyez-vous qu'on devienne autre chose que ce qu'on est ? D'où le deviendrait-on ? Le progrès implique l'identité : le progrès est un changement non de *nature*, mais de *stature* : mettez sur une table un coffre, sur le coffre un livre, sur le livre un chapeau et ainsi de suite, vous n'aurez grandi aucun des objets ; vous aurez obtenu non pas une croissance, mais un *tas*. Il y a des esprits qui ne sont que des tas : on y jette tout ce qu'on veut, mais rien n'y germe, et, par conséquent rien n'y grandit. Comment ! il n'y a pas, non-seulement dans la nature, dans une forêt, sur un arbre, mais sur une même branche deux feuilles semblables, et vous voudriez mettre le genre humain en uniforme pour le passer plus facilement en revue ! Et ces millions de créatures qui composent le genre humain lui-même, et dont le signalement commun consiste en un nez, deux yeux, une bouche et deux oreilles, vos yeux n'en confondent pas une avec une autre, et vous voudriez apporter à l'appréciation de leurs différences morales et intellectuelles bien autrement nombreuses et délicates l'étroite mesure d'un jugement de confection ! Mais c'est simplement le lit de Procruste ou la torture des *bottines*. Une personne de beaucoup d'esprit me disait un jour : " On ne sait que ce qu'on n'a pas appris."—" Soit," répondis-je, " à la condition d'apprendre tout ce qu'on sait." L'art, c'est le sentiment devenu science ; c'est l'élément spontané confus, se précisant par l'intelligence. Il faut donc savoir beaucoup pour juger, car il faut être en état de faire abstraction de son sentiment personnel qui est une prévention et, par conséquent, une captivité, et il faut, en même temps, être capable de mesurer la dose de savoir contenue dans une œuvre. Que si vous vous bornez à m'apprendre que telle chose vous a plu ou déplu, vous ne m'apprenez rien, sinon que vous exprimez non plus un jugement, mais une sensation, auquel cas rien ne prouve que la votre vaille mieux que la mienne.

D'un autre côté, vous aurez beau entasser argument sur argument, invoquer vos grammaires et toutes les ressources de votre rhétorique pour me démontrer le mérite d'une œuvre d'où la vie est absente, ou établir par *a* plus *b* qu'elle n'est conforme à aucune des règles connues et reconnues, je puis vous répondre, d'abord que *ces* règles ne sont pas *toutes les règles* ; attendu que le pressentiment des lois supérieures soupçonnées et devinées par l'intuition du génie n'implique et ne constitue nullement la violation des règles inférieurs que vous invoquez. Et je puis ajouter, comme Alceste en parlant de Célimène : " Sa grace est la plus forte !" ou, comme Agnès aux fatigantes démonstrations d'Arnolphe :

" Horace, avec deux mots, en ferait plus que vous."

Quand l'œuvre immense de Beethoven fit sa première apparition en France, foule de critiques, voire de musiciens, déclarèrent que c'était un *barbare* qui ne savait pas écrire ; et il fallut toute la ténacité d'Habeneck pour réunir et retenir, autour de ce *barbare* qui allait devenir un drapeau, le bataillon de musiciens qui devait être le berceau de la fameuse Société des Concerts du Conservatoire. Girard, le consciencieux et intelligent chef d'orchestre, qui fut le successeur d'Habeneck, m'a raconté que, lors des premiers essais qui furent faits des symphonies de Beethoven par l'orchestre de l'Odéon (qui était à cette époque un théâtre musical), les musiciens de l'orchestre jetèrent à bas des pupitres les parties d'orchestra de la symphonie pastorale, et s'écrièrent avec indignation que ce n'était pas " de la musique." Enfin, grâce à la persevérance d'Habeneck, l'éducation du public, des musiciens, des critiques, se fit peu à peu, et les huit premières symphonies de Beethoven parvinrent à être acceptées et enfin reconnues pour des chefs-d'œuvre. Mais la neuvième ! La symphonie avec chœurs ! Oh ! ce fut une lutte terrible. Un musicien célèbre m'a dit : " C'est l'œuvre d'un cerveau en délire !" Plus tard, on accorda le mérite des trois premiers morceaux : mais le final ! Le final était impossible, ridicule, une vraie cacophonie. Quelques années plus tard, ce fut le tour des derniers quatuors : c'était de la démence ! Et puis, où était la *mélodie ?* Pas de mélodie. Voilà le grand mot lâché. Pas de mélodie. Eh bien, voulez-vous me faire le plaisir de me dire ce que c'est que la mélodie ? Vous n'en savez rien : ni moi non plus : ni personne. Vous me répondez : " Cela ne s'explique pas ; cela se sent ;" mais il me paraît que cela ne se sent pas plus que cela ne s'explique ; car on refusait hier la mélodie à Beethoven, et on la lui reconnaît aujourd'hui. Il est clair que la donnée mélodique de Dalayrac ou de Nicolo n'est pas celle de Beethoven, ni de Meyerbeer, ni de Berlioz, ni de Wagner. Pourtant, on s'en va répétant et imprimant avec assurance : " Pas de mélodie." On l'a contestée au *Barbier* de Rossini après celui de Paësiello. Une telle énormité tranche la question : après cela, on peut s'attendre à tout.

Je vais parler de moi. Je prie le lecteur de m'en excuser. Parler de soi est toujours une entreprise délicate et périlleuse, attendu que, comme on est son plus intime ami, on côtoie sans cesse le risque de se traiter avec une bienveillance toute particulière. Mais, comme il ne s'agit ici que de citer des faits, je ne vois aucune raison de ne pas emprunter, à mes souvenirs personnels, ceux de ces faits qui viennent à l'appui de ma thèse. Lorsque je donnai *Faust*, à Paris, en mars 1859, nombre d'amis ou de personnes s'intéressant au succès de mon ouvrage crurent devoir me mettre en garde contre plusieurs points qui devaient, à leurs yeux, compromettre la réussite. "'*Faust*' peut-être un grand succès," me disait on ;—"mais prenez garde : il y a là des choses qui peuvent tuer la pièce. Ainsi, l'acte du jardin ! songez donc ! un acte qui dure plus d'une heure, et qui se passe tout entier en amour, au clair de la lune ! Toute la salle dormira avant la fin de l'acte : vous devriez faire de larges coupures !—L'air de '*Faust !*' Et ce quatuor qui est si long ! —Oh ! mon cher, prenez garde ! —Maintenant, vous avez, au quatrième acte, la scène de la cathédrale, qui est longue et sans effet,—et la mort de Valentin, après le trio du duel ! noir, noir, noir ; et sans effet !" J'avoue que je ne savais que répondre à ces prédictions décourageantes, sinon qu'elles ne me décourageaient pas, et que j'avais, dans l'émotion qui m'avait dicté ces différentes pages, la confiance d'un enfant. La représentation arriva enfin. L'ouvrage, bien que reçu avec une certaine faveur, n'eut cependant pas ce qu'on appelle un succès éclatant, évident ; ce succès fut contesté ; beaucoup doutèrent qu'il fût durable. "On parla du 'chœur des vieillards' dans la kermesse du second acte—du 'chœur des soldats' au quatrième acte ; un confrère me dit à ce propos : 'Vous voyez bien que vous pouvez faire de la mélodie ; il y en a dans ces deux morceaux ; pourquoi n'en avez-vous pas mis dans les autres ?'" Un critique "di primo cartello," M. Scudo, rendant compte de l'ouvrage, fit, entre autres remarques, celle-ci : "Nous ne dirons rien du cinquième acte (l'acte de la prison) ;—il n'existe pas." Ce que je cite, on peut le vérifier dans la *Revue des Deux Mondes*, journal du haut duquel ce publiciste accrédité rendait alors ses sentences avec une autorité qui, selon l'expression d'un de mes amis, "ne tenait qu'à un fil," le "Fil de la Vierge," romance dont M. Scudo était l'auteur, et qui avait joui d'une certaine vogue. Maintenant, lecteur, je vais me souhaiter le bonjour, et produire un autre exemple dont j'ai été non plus le sujet, mais le témoin. Quand Richard Wagner vint à Paris, il y a une douzaine d'années, pour tâcher d'y faire représenter ou exécuter ses œuvres, l'apparition de son "*Tannhäuser*," sur la scène du Grand Opéra, suscita une tempête formidable. Je professais alors, et j'avoue que je professe encore aujourd'hui, une très-grande admiration pour ce vaste cerveau et cette puissante organisation d'artiste. J'avais beau dire que je ne prétendais pas que ce fût "un soleil sans taches," on me répondait qu'il était un fou et que j'en étais un autre : et lorsque la représentation de la pièce se fût achevée, à grand'peine, au milieu d'une grêle de sifflets, plusieurs de mes amis me dirent d'un air goguenard et facétieux : " Eh bien, vous devez être satisfait ! j'espère que voilà un beau triomphe !"— "Mais, Messieurs," répondis-je,—"pardon ; ne confondons pas : Vous appelez cela une chute ; j'appelle cela une émeute ; c'est fort différent : permettez-moi d'en appeler, et de vous donner rendez-vous dans dix ans, devant la même œuvre et devant le même homme : vous leur tirerez votre chapeau : une pareille cause ne se juge pas en une soirée : au revoir, dans dix ans." Ainsi, lorsqu'il y a dix ans je ne trouvais pas que Richard Wagner fût un " soleil sans taches," on m'aurait lapidé pour avoir parlé de "soleil ;" on m'en ferait presque autant à l'heure qu'il est pour oser parler de "taches." Je connais un critique qui a dit, à propos de la musique de Richard Wagner, un des mots les plus sincères et les plus honorables : " Cette musique m'exaspère, m'horripile, et pourtant elle me dégoûte de tout le reste." Ceci peint admirablement la situation d'un esprit dominé, poursuivi, hanté par une émotion nouvelle, soudaine, puissante, violente même, dont il ne se rend pas compte, mais devant laquelle il a, du moins, l'honnêteté de s'abstenir et d'attendre que la lumière se fasse. Cette anecdote me sert de transition toute naturelle aux considérations suivantes. Les secousses violentes ne sont pas toujours et surtout ne sont pas nécessairement les signes précurseurs de révolutions durables ; c'est même, ordinairement, par des moyens tout contraires que s'établit l'empire de la vérité en toutes choses. Pour peu qu'on étudie les œuvres qui ont conquis une admiration durable et une réputation incontestée, on voit que leur caractère essentiel est la simplicité, la tranquillité. Dans l'ordre intellectuel, aussi bien que dans l'ordre moral, la violence, loin d'être un signe de force, est un indice de faiblesse : aussi est-elle spécialement le caractère des œuvres de décadence, soit en littérature, soit en musique, soit en peinture. Dès qu'une œuvre vous dégoûte d'un chef-d'œuvre, tenez pour certain qu'elle n'est pas un chef-d'œuvre, ou que vous-même n'avez pas en vous ce qu'il faut pour jouir des chefs-d'œuvre. Est-ce que La Fontaine ou Molière vous désaffectionnent de Cervantes ou de Shakspeare? Est-ce que Raphaël ou Michel-Ange vous brouillent avec Rembrandt ou Velasquez? Est-ce que *Guillaume Tell* vous arrache à *Don Juan?* En aucune façon. Pourquoi? C'est parce qu'en dépit de l'élément personnel qui constitue la physionomie propre de chacun de ces grands génies, tous se recontrent dans ce foyer commun, dans ces Champs-Elysées, dans ce paradis des intelligences et des âmes, où règne cette paix qui n'est que la perfection de l'ordre, de la mesure, de l'harmonie. La vérité est, avant tout, simple et tranquille ; elle pénètre plus qu'elle ne frappe ; ce n'est pas Borée, c'est Phœbus : voilà pourquoi elle passe souvent inaperçue ou dédaignée, dépourvue qu'elle est de tous les emprunts, de tous les artifices, de toutes les rouéries, de tout le clinquant auxquels tant d'œuvres plus ou moins malsaines sont redevables de cet éclat trompeur et passager qu'on appelle " la vogue ;" couronne éphémère dont les feuilles se détachent à la moindre secousse et se dispersent au moindre souffle de la première doctrine venue. En résumé, la Critique, la Critique contemporaine surtout, se trouve donc, par le fait des diverses conditions que j'ai fait remarquer, dans cette situation d'être une besogne souvent funeste, rarement utile, généralement oiseuse, sectateur et instrument de la vogue, obstacle de succès, n'ayant, en conséquence, aucun des caractères ni des résultats d'une fonction réelle, et à plus forte raison, d'une mission. Que les docteurs patentés disent ce qu'ils voudront : qu'on prédise, fût-on M$^{me.}$ de Sévigné, que la poésie de Racine passera " comme le goût du café ;" qu'on imprime, comme l'a fait je ne sais plus quelle feuille drôlatique, que Gluck aurait dû demeurer "rue du Grand-Hurleur," etc. . . . Rire n'est pas répondre, et plaisanterie n'est pas raison. Le Temps, cette Raison permanente, finit toujours par assigner aux œuvres leur vrai niveau, et ce n'est assurément pas grâce aux dissertations de la Critique, dont les arrêts obscurcissent plus souvent les questions qu'elles ne les éclairent, et de qui on pourrait dire ce que Proudhon disait des Commissions, qu'elles sont " le suaire de toutes les idées."

## LA PROPRIÉTÉ ARTISTIQUE.

J'ai essayé de montrer que la critique en matière d'art était, en somme, à tout le moins une œuvre inutile, oiseuse, vaine. En effet, pour être de quelque profit, il faudrait que la critique pût être une magistrature, un tribunal ; il faudrait qu'elle pût produire ses titres à l'*Autorité*. Or, il est manifeste qu'elle ne les produit pas ; car ces arrêts sont, la plupart du temps, révoqués par le jugement de la postérité, quand ils ne le sont pas par le public contemporain lui-même. En outre, ils manquent d'unité ; car ils se contredisent non-seulement d'un critique à l'autre, mais encore d'un critique à lui-même, dans une période de temps donnée, sur une même œuvre, sur une même école, sur un même auteur. Pour prétendre à l'autorité, il faudrait avoir l'infaillibilité. Je ne pense pas qu'aucun critique puisse élever une pareille prétention, ni que qui que ce soit y puisse donner son adhésion. Nous attendrons donc, pour modifier notre opinion à cet égard, que la critique offre à nos yeux le spectacle imposant d'un aréopage vénérable, d'une église de l'esthétique, au lieu d'un simple recueil d'opinions qui n'ont de valeur que celle d'une impression personnelle et isolée. J'ai passé sous silence tout ce qui, dans les jugements de la critique, peut être dicté par des raisons d'intérêt, des motifs de vénalité, etc. Hélas ! il y a des gens qui vendent leur plume, comme il y a des avocats qui défendent sciemment une cause injuste et coupable. Comme je l'ai dis plus haut, ce sont choses que relèveraient des tribunaux si les tribunaux pouvaient les atteindre. Je n'ai donc pas à m'en occuper, la conscience seule y étant en question. Après les réflexions que m'ont suggérées le public et la critique sur cet inépuisable sujet de " la routine en matière d'art," mon dessein était d'étudier la question dans son rapport avec " les auteurs " et " les exécutants." Mais, toute réflexion faite, j'ai pensé que, dans l'intérêt même de cette étude, il était préférable de m'occuper de suite des lois qui régissent la propriété artistique aussi bien (ou plutôt aussi mal) que la propriété littéraire, et de mettre en pleine évidence les abus, les absurdités monstrueuses, les iniquités barbares et révoltantes dont pullulent ces lois : de cette manière, je ferai mieux comprendre le mercantilisme despotique sous lequel gémissent et souvent succombent les malheureux auteurs ; et j'expliquerai mieux aussi à quelles complaisances, à quels sacrifices souvent pénibles et parfois honteux, les pauvres artistes sont réduits sous ce joug d'airain contre lequel ils se trouvent désarmés par la nature même de leurs facultés et leur ignorance presque inévitable des lois qui les oppriment sous prétexte de les protéger. Ce qui me frappe tout d'abord en présence de ce mot "loi," c'est le désaccord profond, radical, que je constate entre le caractère de la loi morale et celui de la loi civile. Un des principes fondamentaux de la loi morale et celui-ci : " Ignorantia tollit culpam ; " (l'ignorance supprime la faute) : ce qui veut dire que la connaissance du mal, la conscience, est une condition essentielle d'imputabilité et, conséquemment, de pénalité. Quant à la loi civile, c'est tout autre chose : elle n'admet pas l'excuse et le bénéfice de l'ignorance, et pose tout d'abord, en principe : " Tout citoyen est censé connaître la loi." Ainsi la loi civile, non seulement suppose mais impose la connaissance de la loi. Les conséquences funestes de ce principe sont incalculables. Quant à la valeur morale du principe considéré en lui-même, elle peut se déduire de cette formule qui est adéquate à la formule juridique du principe même : " La loi civile est une mère qui ne protège ses enfants qu'à la condition qu'ils connaissent le danger : " c'est à-dire précisément l'intimation de tout ce qui rend la protection inutile et l'indifférence pour tout ce qui la rend nécessaire. En dernière analyse, la sécurité du citoyen, dans la plupart des circonstances importantes de la vie, suppose l'obligation d'être un légiste, tout comme messieurs les juges et les avocats, lesquels (j'en ai fait moi-même la douloureuse expérience) n'arrivent pas toujours à s'accorder entre eux sur les subtilités casuistiques dont fourmille l'interprétation de la loi. Ainsi que l'a fait observer Joseph de Maistre, dans un des impérissables monuments de l'énergie et de l'étendue philosophiques de son esprit, la santé morale des sociétés est en raison inverse de la longueur de leurs codes. Les sociétés robustes ont des législations simples qui tiennent tout entières dans un petit nombre de préceptes :

témoin le Décalogue. Avec la dégénérescence morale, avec les mille trames de la rouerie, arrivent les complications de la casuistique, les labyrinthes de la chicane, et ces infamies, les plus abominables et les plus lâches de toutes, qui se préparent de longue main, se poursuivent dans des habiletés souterraines comme des repaires de brigands, pour venir, un beau matin, s'épanouir, avec la certitude de l'impunité, à la face de la justice qui les protège, sur les ruines d'une loyauté qui n'a pas eu méfiance et d'un savoir qui n'a pas eu de savoir-faire. Eh bien, je dis que l'état des lois qui régissent la propriété artistique et littéraire est déplorable ; je dis qu'il favorise des machinations odieuses, infâmes, contre lesquelles nous, artistes et auteurs, nous sommes sans défense, eussions-nous tous passé nos examens de droit ; je dis qu'il faut signaler, importuner, harasser de toutes nos forces, sans trêve ni relâche, cette lèpre qui nous ronge, ces lois dont nous sommes les victimes et qui ne servent que les intérêts de nos habiles et vigilants assassins, au lieu de protéger le fruit de notre labeur contre la rapacité sans bornes du marchand ; quelle que soit la forme sous laquelle le marchand se dérobe ou se montre, il n'en est pas moins, jusqu'à présent, le monstrueux intermédiare que Proudhon signalait comme la ruine du producteur et du consommateur, et dont la devise (selon le langage d'un commerçant bien connu qui fût un de mes éditeurs) est celle-ci : " Le commerce tient tout entier dans deux mots : 'vendre et ne pas acheter.' " Ces deux mots-là, répondis-je, tiennent dans un seul : voler.

Si jamais les chaînes de la routine ont été odieuses et révoltantes, c'est assurément lorsqu'elles se sont appesanties sur des droits aussi nobles que ceux de l'intelligence, aussi sacrés que ceux de la pensée. J'ai parlé précédemment, de mon opéra *Faust* à propos et comme exemple de la façon parfois un peu cavalière et précipitée dont la critique contemporaine s'abat, décide, tranche sur la valeur et l'avenir d'un ouvrage au moment de son apparition. Le lecteur voudra bien, j'espère, m'excuser de revenir sur mes œuvres, non plus au point de vue *musical*, mais au point de vue *commercial*, qui se relie étroitement à ce que j'ai à dire sur cette grave question de la " Propriété artistique." Je remonte un peu loin, mais j'y suis obligé par la nature même de mon sujet que je tâcherai de traiter le plus rapidement possible, malgré les détails que réclame l'utilité de cette digression. Dans l'hiver de l'année 1851, je donnai, au Grand-Opéra de Paris, en collaboration avec Emile Augier, un ouvrage en trois actes, intitulé: *Sapho*, qui fut mon début dans la carrière dramatique, grâce à l'intérêt que me témoigna Mme. Pauline Viardot, et à l'influence dont elle usa auprès de Nestor Roqueplan (alors directeur de l'Opéra) pour faire admettre cet ouvrage, dont le rôle principal lui était destiné, et qu'elle interpréta avec autant de supériorité qu'elle avait mis de zèle à le faire recevoir. Malgré tout ce qu'elle y déploya de talent, malgré les promesses que quelques personnes crurent voir dans cet opéra, il n'eut pas de succès, et disparut de l'affiche après six représentations. On essaya de le reprendre avec Mlle. Masson, puis, deux ans plus tard, avec Mlle. Artôt. Toutes deux prêtèrent à mon œuvre un talent réel, incontestable, mais ne parvinrent pas à lui ramener cette faveur du public qui fait le succès. Quant à un éditeur ! . . . . pas plus que dans le creux de la main, ce qui ne me surprit nullement. En 1852, Ponsard fit représenter à la Comédie Française sa belle tragédie, *Ulysse*, dans laquelle se trouvaient des chœurs nombreux et importants dont il m'avait prié d'écrire la musique. Ce fût ma seconde tentative pour le théâtre. L'ouvrage de Ponsard eut une quarantaine de représentations : on accorda une certaine valeur à ma musique—et puis—la pièce, un beau jour, tomba de l'affiche—et puis—nous n'entendîmes plus parler. Pour la première fois, néanmoins, je vis briller dans ma nuit d'artiste ce rayon *consolateur* qu'on nomme un " éditeur." Etre gravé !!! J'allais voir ma partition gravée !!! *Sauvé* de l'oubli !—Rien ne peut donner une idée de ma joie. Le sauveur en question fût M. Escudier qui eut la générosité de m'acheter mon ouvrage. . . .—*pour rien !* Rien ! Ce n'était guère, pour moi qui étais loin de rouler sur l'or ! . mais !—je pensai à la pauvre *Sapho* qui, à force de se jeter dans la mer, d'une façon, hélas, si prophétique, avait fini par y rester (nul éditeur ne s'étant offert pour l'y repêcher)— et comme, en fait de contentement, tout est relatif, je me trouvai, relativement, dans une véritable félicité. Malgré notre quasi-déception quant à *Ulysse*, ma part de succès dans cet ouvrage ne fût pas sans utilité pour la suite de

ma carrière. Roqueplan, qui était toujours directeur de
l'Opéra, et qui m'avait témoigné beaucoup d'amitié, me
demanda un grand ouvrage en cinq actes; il avait foi dans
mon avenir. Scribe et G. Delavigne me confièrent le
poëme de *La Nonne Sanglante*, refusé par Meyerbeer, et
redemandé à Berlioz, qui avait déjà écrit la musique de
deux actes. J'allai voir Berlioz : je lui fis part de ma
répugnance à me charger d'une œuvre qui lui avait été
retirée contre son gré. Berlioz, très-sensible à ma démarche,
leva tous mes scrupules, quoique puisse laisser supposer
un passage de ses mémoires, dicté, soit par l'oubli du fait,
soit par un mouvement de dépit bien pardonnable, et que
les déboires de ce grand et malheureux génie excusent de
reste. Je me mis à l'œuvre sur ce poëme, en somme assez
ingrat et assez vide sous le rapport des caractères et du
veritable intérêt dramatique, en dépit des apparences de
situations et de l'espèce de teinte fantastique répandue sur
le sujet. L'ouvrage fût mis en répétition, puis abandonné,
puis remis à l'étude à quatre ou cinq reprises différentes,
le tout dans l'espace d'un an ; puis enfin, le 18 Octobre,
1854—juste un an, jour pour jour, après sa première entrée
en répétition, *La Nonne Sanglante* fit son apparition sur
la scène de l'Opéra. Elle n'y a traîna pas longtemps sa
blessure. Les représentations, à ma grande surprise,
furent assez fructueuses : on faisait entre 7,000 à 8,000
francs de recette, et Leroy, qui était alors régisseur de la
scène à l'Opéra, me dit un jour : " Cela marche très-bien ;
nous ne faisons pas plus 6,500 avec les *Huguenots ;* de
7,000 à 8,000 avec la *Nonne* est très-bon." On en était à
la onzieme représentation. Sur ces entrefaites, Nestor
Roqueplan quitta la direction et fût remplacé par Crosnier,
dont le premier acte d'administration fut d'arrêter les
représentations de *La Nonne Sanglante*, disant que, tant
qu'il serait directeur, on ne jouerait pas une pareille *saleté !*
Encore un cheval tué sois moi ! Adieu les droits d'auteur !
Rien à l'horizon ! J'étais désolé. Scribe, que le sort de *La
Nonne Sanglante* avait d'abord disposé en ma faveur, m'avait
offert le poëme d'un opéra comique en trois actes, intitulé :
*Le Livre d'Or*. Etait-ce un autre *Ours ?* . . . Je n'en
sais rien, ne l'ayant jamais eu entre les mains. Toujours
est-il que Scribe (sur les offres de qui j'aurai l'occasion de
revenir) changea soudainement de dispositions à mon

égard? Voici à quelle occasion. J'allai le voir un matin, plein d'ardeur et d'espérance, ne désirant qu'une occasion de rentrer en lice, convaincu que j'étais victime non d'un manque de talent, mais de quelque mauvaise chance, et je lui dis: "Eh bien, mon cher Scribe, nous avons eu du malheur! mais je ne me décourage pas; je suis sûr que je finirai par lasser la mauvaise fortune! Mettons nous au *Livre d'Or:* peut-être sera-t-il pour nous un succès d'art et d'argent." Froissant alors avec humeur entre ses mains plusieurs journaux qu'il venait de parcourir:— "Ah! mon cher ami!"—me dit-il—"pour le coup j'en ai assez! Comment! Je vous donne le plus beau poëme, le plus dramatique, le plus à effet que j'aie jamais écrit, et voilà les feuilletons qui le mettent en pièces, qui me crient que j'ai fait mon temps et qu'il ne me reste plus qu'à *prendre ma retraite!*—C'est bien; *je la prendrai*. Ainsi, ne comptez pas sur moi." On devine quelle tuile me tombait sur la tête!—Je pris congé de Scribe, et rentrai chez moi dans un état de tristesse rêveuse dont il est facile de se faire une idée. Inutile de dire que la pauvre *Nonne* ne trouva pas d'acquéreur. Les frais de publication de la partition de piano et chant furent faits par ma belle-mère, et le volume, édité chez MM. Brandus et Dufour, passa, quelques années plus tard, dans le magasin de M. de Choudens, qui fût mon éditeur pendant une période de douze ans (de 1859 à 1871); mais, ayant reconnu que son intelligence commerciale l'inclinait du côté de ses propres bénéfices avec un excédant de poids peu trop préjudiciable à mes intérêts (ainsi que j'aurai l'occasion de le démontrer bientôt par de nombreux exemples), j'ai cru devoir renoncer désormais à toute relation d'affaires avec lui. Peu de temps après ma déconvenue avec Scribe, je rencontrai Jules Barbier et Michel Carré. J'entrai en relations avec eux, et, à partir de ce moment, s'établirent entre eux et moi des liens de collaboration et d'amitié que la mort seule a rompus vis-à-vis de l'un de nous trois—(ce pauvre Michel Carré! . . .), et qu'elle seule rompra, je l'espère, entre les deux survivants!

La première confidence que je fis à Jules Barbier et à Michel Carré fut celle du désir ardent que j'avais d'écrire un *Faust*. C'était en 1855; j'avais alors 37 ans, et les trois ouvrages que j'avais fait représenter jusque-là (*Sapho*,

*Ulysse* et *la Nonne Sanglante*) ne m'avaient pas apporté un centime en dehors des minces droits d'auteur résultant d'un nombre très-limité de représentations. Le travail était donc aussi nécessaire à ma poche qu'à ma tête : mais en rêvant de composer un *Faust*, je me sentais complétement dégagé de toute perspective de gain, et je ne songeais qu'à satisfaire l'inclination passionnée que j'éprouvais pour cet incomparable sujet. Cette inclination datait de loin. J'avais lu " Faust " en 1838, à l'âge de 20 ans ; et lorsqu'en 1839 je partis pour Rome comme grand prix de composition musicale et pensionnaire de le l'Académie de France, j'avais emporté le *Faust* de Gœthe qni ne me quittait pas. Quand, seize ans plus tard, je fis la connaissance de mes deux futurs collaborateurs, il se trouva que le sujet leur était particulièrement familier : ils l'avaient traité jadis en collaboration pour le théâtre du Gymnase, et Frédéric Lemaître y remplissait le rôle de Faust. De tels précédents semblaient devoir favoriser mon désir et faciliter notre entente ; c'est ce qui arriva. Jules Barbier, saisissant la balle au bond, me dit sans hésiter :—" Cher Monsieur ! "—nous n'en étions pas encore à ce " tu " familier qui fait qu'on se permet et qu'on se pardonne bien des petites boutades dans ce ménage de la collaboration—" Cher Monsieur, si vous voulez faire un *Faust*, je suis à vous, et je quitterai tout pour m'y consacrer." Aussitôt dit, aussitôt fait : nous prîmes rendez-vous, et je me mis à la besogne. J'étais heureux comme d'un mariage d'amour. Cette lune de miel ne devait pas tarder à se couvrir de nuages. Le théâtre Lyrique fût celui vers lequel se tournèrent nos espérances. M. Carvalho en était, à cette époque, l'intelligent et prospère directeur : c'était au moment du plein succès d'un ouvrage de V. Massé (*La Reine Topaze*), et Mme. Carvalho y recueillait, trois fois par semaine, les bravos et les écus du public, en échange des perles de vocalisation de sa " Chanson de l'Abeille " et de ses " variations sur le Carnaval de Venise." Nous allâmes donc un soir, mes nouveaux amis et moi, au théâtre Lyrique, dans le but d'y avoir, avec M. Carvalho, un entretien sur le sujet qui nous occupait. Nous arrivâmes pendant un entr'acte : le directeur était sur le scène ; on nous conduisit à lui ; il nous reçut avec beaucoup de grâce, et avec cette physionomie qui exprime si bien qu'il y a "de l'argent à la caisse." L'entr'acte terminé, nous primes congé après être convenus d'un prochain rendez-vous. Je trouvais dans M. Carvalho une de ces natures chez qui la passion prime la raison, et dont la spontanéité, impatiente de contrôle et de frein, s'en rapporte bien plutôt et bien plus volontiers aux suggestions de l'instinct qu'aux dictées de la prudence. Avec ces tempéraments-là on peut se casser le cou; mais ce sont les seuls avec lesquels on risque de grosses parties, parce qu'il y a chez eux cette flamme de l'initiative sans laquelle, en fait d'art, on ne fait rien de vivant. M. Carvalho reçut l'idée de *Faust* avec une sympathie très-visible, et accueillit de suite la pensée de le monter sur son théâtre. Soutenu dans mon travail par cette perspective qui s'ouvrait devant moi, je redoublai de zèle, et, dans l'espace d'un an à peu près, j'avais composé environ la moitié de l'œuvre. Un jour, j'allai voir M. Carvalho à son cabinet de directeur; il m'accueillit avec un air soucieux. "Qu'y a-t-il donc?"— lui demandai-je.—"Ah! mon cher ami," me dit-il—"il y a que je ne peux pas jouer *Faust*."—"Ah bah! et pourquoi donc?"—"Parce que mon voisin, le directeur du théâtre de la Porte Saint-Martin, annonce un *Faust* qui, évidemment, sera prêt avant le nôtre, ce qui escomptera de beaucoup l'intérêt du nôtre, et aura l'inconvénient très-grave d'émousser la curiosité du public."—"Mais"—répondis-je— " il me semble que le public qui ira voir un gros mélodrame de boulevard (comme je suppose que sera la pièce en question) et celui qui viendra écouter un opéra dans votre théâtre sont deux publics bien différent dont l'un n'influera nullement sur l'autre."—"N'importe,"—me dit M. Carvalho; —"la Porte Saint-Martin va déployer un luxe de décors, de mise en scène, de fantasmagorie contre lequel il m'est impossible de lutter." Vous figurez-vous ce qui me passa devant les yeux quand je vis s'évanouir devant moi, en un instant, ce rêve de toute ma vie? Je m'en retournai chez moi, ne sachant à quel saint me vouer. Chemin faisant, l'idée me vint d'aller frapper à la porte d'Alphonse Royer, qui était, à cette époque, directeur de l'Opéra. Il me fit exactement la même objection que M. Carvalho (sauf ce qui regardait la richesse de la mise en scène), et refusa d'accepter l'ouvrage. Au bout de huit jours de ce cruel mécompte, j'allai revoir M. Carvalho pour m'assurer s'il persistait dans ses dispositions. Elles n'avaient pas changé. Seulement, il m'offrit une consolation. " Cherchons un autre sujet " me dit-il.—" Oh ! je n'ai de cœur à rien "—répondis-je—" je suis comme un amoureux séparé d'une femme qu'il aime, et incapable de songer à personne autre."—" Eh bien, changez complétement d'atmosphère, faites une comédie, prenez une pièce de Molière ! " Ce nom de Molière fût pour moi le " frappement du rocher," la baguette de Moïse.—" Va pour Molière,"—dis-je aussitôt :—" quelle pièce ?—*Le Mariage Forcé ?—George Dandin ?—Le Médecin malgré lui ?* "—" *Le Médecin*," reprit vivement mon interlocuteur.—J'allais trouver mes deux poëtes, et il fut décidé qu'ils me feraient immédiatement avec la pièce de Molière (conservée telle quelle) un opéra comique en trois actes. J'en écrivis la partition en cinq mois, et le jour de la première représentation en fut fixé au 15 janvier 1858, jour anniversaire de la naissance de Molière. L'ouvrage fut mis en répétition, et le rôle de Sganarelle confié à l'excellent baryton et comédien Meillet, qui s'y montra plein de verve et de rondeur comique. Cependant, cette fois encore, les choses ne devaient pas marcher toutes seules. La Comédie Française récrimina, cria à l'empiétement sur son domaine. Son domaine ! (comme si Molière appartenait pas à l'humanité !) M. Fould, alors ministre d'Etat, me fit faire défense de mon ouvrage, et je ne dus la levée de l'interdiction qu'aux instances de la princesse Mathilde, à qui, par reconnaissance, je demandai la permission de lui dédier mon travail. Le jour de la répétition générale arriva enfin. Elle eut lieu devant un auditoire assez nombreux (encore une détestable coutume qu'on ferait bien d'abolir, et qui n'a d'autre résultat que de mettre les malheureux auteurs et directeurs au supplice avec tous les avis contradictoires dont on leur assourdit les oreilles). C'est ce jour-là que, de leur côté, les éditeurs viennent flairer les chances de succès d'un ouvrage, et se décident à entrer ou non en pourparlers avec les auteurs. Un éditeur s'offrit pour le *Médecin malgré lui :* ce fut M. Colombier ; il nous acheta nos trois actes pour la somme de 4,000 francs. 4,000 francs ! à 39 ans ! et encore, en revenait-il un tiers à mes collaborateurs ! Enfin, c'etait mon premier argent. Le lendemain, la représentation fut mon premier succès décisif et populaire. Hélas! il devait y manquer ce qui en aurait fait une joie pour mon cœur! Ma pauvre mère était à l'agonie, et je la perdais le jour suivant, 16 janvier 1858!

Cependant, le *Faust* de la Porte-Saint-Martin avait déjà cessé de vivre. Ce mélodrame lourd et fastueux, dont l'éclat, violent et passager comme celui des feux de Bengale, ne laissait après lui que cette odeur âcre qui prend à la gorge, était loin d'avoir répondu aux exigences du sujet et d'avoir satisfait ni même émoussé la curiosité publique. On avait beaucoup compté, pour le succès sur les trois artistes chargés des rôles principaux: Rouvière, Dumaine, et, si je ne me trompe, Mlle. Luther, qui était dévenue ou allait devenir Mme. Raphaël Félix. Mais tout le talent de Rouvière ne pouvait rien tirer de ce " Méphistophèlès," dont on n'avait guère fait autre chose qu'un Robert Houdin; quant aux rôles de " Faust" et de " Marguerite," je n'en dirai rien, sinon qu'ils ne m'ont laissé, l'un que le souvenir de sa brutalité, l'autre que celui de son insignifiance. (Je parle des rôles, et non des interprètes.) Je repris donc espoir dans la possibilité de ma tentative, et je trouvai M. Carvalho disposé de nouveau à la seconder. " Je crois," me dit-il, " que maintenant nous pouvons, sans crainte, annoncer notre *Faust*." On pense bien que je ne me le fis pas dire deux fois. Je repris la tâche interrompue, et je fus prêt à entrer en répétition au mois d'Octobre 1858. L'ouvrage fut étudié et monté avec tout le soin et tout le zèle que la direction pouvait y apporter. Lorsque approchèrent les dernières répétitions, de sérieux embarras commencèrent à surgir. Je n'y reviendrai pas, ayant eu déjà l'occasion d'en parler précédemment. Tout le monde connait aujourd'hui la célèbre cantatrice que le sort avait prédestinée à la création du rôle de " Marguerite." J'ose croire que, si son talent et sa personne ont apporté à mon œuvre un précieux et brillant appui, l'œuvre elle-même n'a pas été sans influence sur le développement de sa carrière et l'étendue de sa reputation. *Faust* était ma cinquième œuvre dramatique. Il fut donné, pour la première fois, le 19 Mars, 1859. Ce fut une sensation plutôt qu'un succès d'éclat. Les habitudes musicales du public, des chanteurs, de la critique y étaient passablement déroutées; par conséquent, celles des éditeurs; aussi ne s'en présenta-t-il pas un seul, si ce n'est M. Colombier (l'éditeur du *Médicin malgré lui*), qui eut la magnanimité de nous offrir, pour cet ouvrage en cinq actes, la somme fabuleuse de 4,000 francs ! (La même que pour *le Médecin*.) Notre délicatesse recula devant de si généreuses propositions. Sept représentations s'écoulèrent sans qu'aucun acquéreur parût à l'horizon, lorsque enfin, grâce à l'intervention d'un de mes confrères, Prosper Pascal (pauvre garçon plein de délicatesse et de talent qui a toujours été malheureux), M. de Choudens, éditeur alors obscur, entra en arrangements avec nous, et nous acheta la propriété de *Faust* pour la France et la Belgique, moyennant une somme de 10,000 francs, payable en trois échéances de trois et six mois. Cela me parût une fortune : 6,666f. 66c. pour ma part et deux ans et demi de travail ! c'était pourtant bien modeste, convenez-en. Mais M. de Choudens était pauvre, et moi aussi ; et, entre pauvres, on n'est pas exigeant. Il faut dire aussi que M. de Choudens n'aimait pas *Faust ;* quand ses enfants n'étaient pas sages, la pénitence dont il les menaçait était de " les mener voir *Faust*," et il ne s'était décidé à l'acheter que sur les instances de Prosper Pascal, qui lui en faisait de grands éloges. A partir de ce moment, les convictions musicales de M. de Choudens changèrent comme par enchantement : il n'y avait plus qu'une œuvre, *Faust ;* plus qu'un musicien, moi : la musique c'était moi. Un éditeur fanatique ! c'était inespéré : il allait devenir tutélaire ! . . . c'était invraisemblable ! c'était trop . . . pour être assez. Nous fîmes avec M. de Choudens le meilleur et le plus charmant des ménages. Capacité commerciale de premier ordre, caractère aimable et facile, beaucoup d'esprit naturel, infiniment de bon sens, activité infatigable, adresse prodigieuse avec tous les dehors de la bonhomie pour vanter, pousser, lancer sa marchandise ; attentions . . . paternelles à venir voir dans mon cabinet s'il n'y avait pas quelque manuscrit (romance, duo, chœur, etc. . . .) sur lequel il pût me donner une nouvelle preuve de son zèle et de son dévouement à mes œuvres, tel fut l'ensemble de qualités et de vertus dont la bienfaisante influence me parut devoir s'étendre sur le sort de mes œuvres et de mes intérêts. J'ai déjà dit que le succès de *Faust* n'eut, dans l'origine, rien d'éclatant ; ce fut plûtot un succès douteux, contesté—lent. La guerre d'Italie arriva : les recettes baissèrent dans tous les théâtres ; *Faust*, qui avait lutté jusque-là contre le ballotage de l'opinion avec des recettes d'un chiffre excellent pour le théâtre Lyrique, tomba à 1,800 francs. Pour comble de mauvaise chance, M. Fould nous prit le ténor Michot, pour l'incorporer à la troupe de l'Opéra, où il fit ses débuts dans le rôle d'Admete de l'*Alceste* de Glück. *Faust* comptait alors une cinquantaine de représentations. Quelques mois auparavant, j'avais commencé, sur la demande de M. Bénazet, directeur des jeux de Bade, un ouvrage en deux actes, *Philémon et Baucis*. M. Carvalho, à qui j'en avais fait entendre des fragments, me témoigna le regret que cette partition ne fût pas destinée à son théâtre : il me pria de faire auprès de M. Bénazet une démarche dans le but d'obtenir son consentement à ce que j'écrivisse un autre ouvrage pour Bade, en échange de *Philémon et Baucis*. M. Bénazet se rendit à mon désir avec cette délicatesse de bienveillance et cette bonne grâce dont il a laissé le souvenir chez tous ceux qui l'ont approché. Mes collaborateurs écrivirent de suite le libretto du nouvel ouvrage en deux actes destiné à Bade, *La Colombe*. Dès que j'eus terminé *Philémon et Baucis* j'entrai en répétition au théâtre Lyrique. Le rôle de Baucis était naturellement confié a Mme. Carvalho. Elle y fut charmante de fraîcheur et de jeunesse (deux dons qui ne semblent pas pouvoir la quitter). Cependant, la pièce n'ayant que deux actes, M. Carvalho craignit que le rôle ne manquât un peu d'importance, et demanda aux auteurs du livret si on ne pourrait pas ajouter un acte. Sa proposition fut agréée ; les auteurs intercalèrent un acte entre les deux du texte primitif, et la pièce fut donnée sous cette forme. Je crois que ce ne fut pas un bien. *Philémon et Baucis* est une fable très-simple qui, par elle-même, comporte peu de développements : de plus, c'est une idylle, et les sujets de ce genre (surtout au théâtre où le mouvement et l'action sont indispensables), perdent et se déclorent à être délayés. L'ouvrage eut 9 ou 11 représentations (je ne me rappelle plus exactement le chiffre) ; Mme. Carvalho eut la douleur de perdre sa mère ; ce deuil interrompit naturellement les représentations qui, depuis, ne furent jamais reprises. Pourquoi ? je l'ignore. L'ouvrage, je le crois, n'était pas sans valeur ; du moins je l'ai entendu souvent juger ainsi. Cependant il ne faisait pas d'argent ; c'est la pierre de touche au théâtre, et j'ai toujours professé l'opinion que devant les mauvaises recettes, un auteur abandonné n'a rien à dire. La partition achetée d'avance par M. de Choudens, n'a pas eu le même sort que le représentation ; elle s'est assez bien répandue pour faire largement rentrer l'éditeur dans ce qu'elle lui avait couté. La somme stipulée était 10,000f. ; mais M. de Choudens ayant eu la prudence de renvoyer l'intégralité du payement à la 25$^{me}$ représentation, nous ne reçûmes à nous trois que la somme de 5,000f. pour nos trois actes.

Ainsi que je l'ai dit plus haut, le ténor Michot nous avait été enlevé à la fin de 1859, par M. Fould (alors ministre d'état et de la maison de l'empereur), pour être incorporé au personnel du Grand Opéra, et y faire ses débuts dans le rôle d'Admète de l'*Alceste*, de Glück. Grand et admirable Glück, à qui je dois des heures ou plutôt des années de vénération et d'enthousiasme ! C'est peut-être la seule fois de ma vie où j'ai trouvé qu'il me jouait un vilain tour ! Qui sait ? tout cela était sans doute pour le mieux. Quoi qu'il en soit, à la fin de la saison théâtrale de 1860, M. Carvalho quittait la direction du théâtre Lyrique. Son successeur fut M. Réty, qui avait été son secrétaire. Il faut croire qu'une reprise de *Faust* n'inspirait pas grande confiance au nouveau directeur : car pendant deux ans que dura sa direction, *Faust* ne reparut pas sur l'affiche ; *Philémon et Baucis* pas davantage. C'est alors que *Faust* commença à circuler à l'étranger et se répandit en France par la vente de la partition de piano et chant. Mon éditeur, M. de Choudens, que je regardais comme un ange tutélaire, me mit en rapport avec un M. Berr (ou Behr), agent et, je crois, parent de MM. Bote et Bock, de Berlin. M. Behr me proposa un arrangement pour la vente de *Faust* (pour l'Allemagne) à la maison Bote et Bock, de Berlin. Je demandai 3,000 francs. M. Behr trouva ce chiffre exorbitant et inacceptable. Notez que ces 3,000 francs étaient à partager entre mes collaborateurs et moi. M. Behr me fit remarquer que j'étais un jeune homme (j'avais 42 ans) ; que *Faust* était mon début en Allemagne ; que c'était, en quelque sorte, ma carte de présentation aux Allemands, et qu'il fallait faire quelques concessions en présence d'un pareil avantage. En conséquence, il m'offrit 1,000 francs. Mille francs! Oui, telle est la somme généreuse que la maison Bote et Bock, de Berlin, nous a payée, à mes collaborateurs et à moi, pour être propriétaire de *Faust*, à perpétuité, pour toute d'Allemagne. " Mais, direz-vous, fallait-il que ce pauvre Gounod fût. . . . ." Oh! oui; dites-le : vous ne le direz jamais autant que je me le suis dit, trop tard, hélas ! mais enfin, utilement encore, je l'espère. Et, puisque je suis en train de confesser mes malheurs, laissez-moi vous dire que, vers le même temps, le même tutélaire M. de Choudens me patronait auprès de M. Chappell, éditeur de musique de Londres, et que, grâce à ce bienfaisant patronage, M. Chappell consentait à acheter pour la somme de 3,000 francs, la propriété de *Faust* pour l'Angleterre et les colonies ! Et nous trouvions cela superbe ! En 1862 fut inauguré à Paris, place du Châtelet, le nouveau théâtre Lyrique, à la direction duquel reparut M. Carvalho. La réouverture du théâtre se fit avec *Faust* que M. Carvalho m'avait demandé de lui rendre. C'est de cette époque que date véritablement à Paris le succès de *Faust* : l'ouvrage fut représenté soixante-six fois dans l'hiver, et resta toujours, depuis lors, au répertoire ; jusqu'à ce que, le théâtre Lyrique ayant cessé de vivre, *Faust* passa enfin au Grand Opéra, où il fait, maintenant, partie du répertoire de cet établissement. Depuis que M. de Choudens était devenu mon éditeur, il avait eu une idée qui me paraissait à la fois ingénieuse et généreuse ; j'ai pu reconnaître, par la suite, la justesse de l'une de ces deux appréciations, et la. . . . simplicité de l'autre. M. de Choudens, naturellement désireux de faire fortune *avec Faust*, désirait, par conséquent, faire la fortune *de Faust* : ce qui ne signifiait pas du tout qu'il voulût faire la mienne. En effet, de tous les voyages que je fis avec M. de Choudens à Rouen, à Bordeaux, à Lyon, à Marseille, à Milan, à Darmstadt, à Hambourg, à Berlin, à Vienne, à Londres, à Bruxelles, à Gand, à Hanovre, etc. . . . pour aller monter ou diriger *Faust* ou quelque autre de mes ouvrages, pas un seul ne me rapporta un liard. M. de Choudens réglait les dépenses de voyage, de séjour dans les hôtels, etc. (Etait-ce à ses frais, ou aux frais des diverses administrations théâtrales ? je n'en ai jamais rien su ; je ne m'en occupais pas ; j'étais, là-dessus, d'une ignorance et d'un aveuglement complets.) J'imagine, cependant, que tous ces déplacements n'étaient pas, comme je me le figurais alors, par pur dévouement pour ma personne et par simple amour de l'art. Ignorant que j'eusse le droit de réclamer aucun bénéfice, maintenu dans l'ignorance des lois, même obscures, qui règlent la situation des auteurs, je me trouvais encore privilégié d'avoir rencontré un éditeur qui prenait tant de peine pour la propagation de mes œuvres ; je ne supposais pas qu'il y trouvât plus de bénéfice immédiat que moi-même, et, en face d'une activité si désintéressée, je me résignais à une vie de fatigues ainsi qu'à une dépense de temps absolument gratuite : en un mot, M. de Choudens me promenait, me montrait, m'exposait. ( Je connais aujourd'hui à fond tout le mécanisme du système ; je sais par cœur, et pour l'avoir appris à mes dépens, comment messieurs les exploiteurs de toute sorte s'y prennent, et je donnerai, plus loin, le tableau détaillé de cet édifiant tripotage. | En attendant, je jouais simplement et naïvement, entre les mains de M. de Choudens, le rôle d'une affiche, ou d'une grosse caisse avec laquelle il allait tambourinant sa marchandise à l'étranger ; je dirigeais des représentations, je faisais répéter mes ouvrages, je ne touchais pas un sou de bénéfices, et, pendant ce temps-là, mon éditeur vendait, vendait, vendait, non-seulement ma musique (ce qui était son droit) mais ma personne (ce qui l'était moins).| Savez-vous que, quand M. Verdi—(qui n'est pas seulement un compositeur illustre, mais un habile homme d'affaires)—quand M. Verdi se déplace pour venir donner à l'exécution de ses œuvres des soins personnels et la sanction de sa propre présence, il ne le fait pas sans qu'on lui aligne une bonne petite somme très-ronde, et qu'il ne joue pas auprès de ses honorables éditeurs le rôle de commis-voyageur pour leurs beaux yeux ? Savez-vous que, pour présider aux études d'un de ses ouvrages, tels que les *Vêpres Siciliennes* ou *Don Carlos*, ou autre, au Grand Opéra de Paris, on comptait à M. Verdi une prime de quelque chose comme 40,000 ou 50,000 francs ? J'ai beau retourner la question en tous sens, je ne parviens pas à m'expliquer comment M. de Choudens (qui est tout à fait un marchand et pas du tout un niais) a pu accepter des nombreuses directions théâtrales que nous avons parcourues, la somme de zéro franc, zéro centime, pour notre déplacement à tous deux, et pour le temps que je donnais. Ne vous semble-t-il pas qu'un homme simplement juste, et, à plus forte raison, un ami, ayant souci de mes véritables intérêts, aurait stipulé une somme quelconque en ma faveur ? M. de Choudens le pouvait d'autant plus aisément qu'il n'était pas le propriétaire des parties d'orchestre de la plupart de mes œuvres (et notamment de *Faust*) pour les pays étrangers : il pouvait me mettre à même de dicter des conditions ; mais il connaissait trop bien mon inexpérience dans les questions d'affaires ; il ne voyait dans l'exhibition de ma personne que l'occasion ou la chance de débiter sa marchandise.

Mon mariage commercial avec M. de Choudens dura ainsi jusqu'en 1871, c'est-à-dire douze ans, au bout desquels je dus divorcer. Je ne m'étendrai pas davantage sur les œuvres que j'écrivis pendant cette période de 1859 à 1871, et je me bornerai à les citer en leur lieu et place, dans le cours du récit qui va suivre et où je ferai connaître, dans l'intérêt à venir de mes confrères, les faits qui m'ont obligé à me séparer de M. de Choudens. Après *Faust*, *Philémon et Baucis*, *La Colombe*, je donnai en 1862 *La Reine de Saba* (cinq actes, au Grand Opéra) ; en 1864, *Mireille* (cinq actes, au Théâtre Lyrique) ; en 1867, *Roméo et Juliette* (cinq actes, au Théâtre Lyrique) ; tous ouvrages dont M. de Choudens fut l'éditeur pour France et Belgique, et dont la vente à l'étranger restait à négocier par l'entremise de ses appréciations et de son habileté commerciale que je regardais comme doublée de la plus sincère et amicale surveillance pour mes intérêts. La guerre éclata en 1870. J'étais retiré, à cette époque, avec ma famille, dans un petit hameau voisin de Dieppe, où je travaillais à la partition de *Polyeucte*, opéra en cinq actes, qui, probablement, aurait déjà vu le jour à l'heure qu'il est, sans les évènements qui ont répandu la désolation sur la France et le désarroi parmi un si grand nombre de ses enfants. L'invasion ennemie menaçant de s'étendre dans le nord jusques vers le coin sans défense que nous habitions, nous nous décidâmes à prendre le bateau à Dieppe pour aller attendre, en Angleterre, la fin de cette tempête dont nous ne pressentions ni l'étendue ni la durée. Je restai en Angleterre du 13 Septembre, 1870, au 31 Juillet, 1871. Nous vivions là dans cette angoisse que connaissent tous ceux que cette horrible et à jamais maudite guerre a séparés de leurs parents, de leurs amis, de leurs frères—c'est-à-dire de tous ceux qui souffraient ou combattaient ou mouraient là-bas ! Nous vivions de ces miettes que laissait tomber sur nous, de loin en loin, le hazard des communications secrètes ou des ballons égarés ou des amis échappés. Parmi les rares nouvelles qu'il me fut donné de recevoir directement, il se trouva quelques lettres de M. de Choudens. Il était enfermé dans Paris, et je pus savoir par lui que la maison que nous habitions n'était pas détruite. Cependant il fallait vivre, et mon travail à Londres devint nécessaire pour ma famille et pour moi. Grâce à mon nom qui n'était pas inconnu en Angleterre, il se trouva un éditeur désireux d'acquérir et de publier de mes œuvres ; ce fut M. Littleton, successeur de MM. Novello, Ewer, et C$^{ie}$., Berners Street. Je vendis quelques compositions qui nous aidèrent à vivre, les miens et moi, jusqu'au jour où l'administration de l'Exposition Internationale de 1871 me fit demander si je voulais y représenter l'art musical Français dans une œuvre qui serait exécutée le 1er Mai, publiquement, dans la gigantesque et splendide salle, "Albert Hall," devant un auditoire de 10,000 personnes. Je refusai. Je ne me sentais pas la force ni le courage de chanter sur la terre étrangère, pendant que mon malheureux pays pleurait et saignait sous les coups de l'invasion Allemande et les discordes de la guerre civile. Cependant, l'administration revint à la charge. Devant une telle insistance je me demandai si un refus obstiné ne serait pas une sorte de défection, et s'il n'était pas de mon devoir de chercher à relever d'autant plus le nom Français dans la sphère des arts qu'il était plus humilié par les revers des batailles. L'idée me vint alors de représenter la France telle qu'elle était, non pas seulement vaincue, écrasée, mais outragée, insultée, violée par l'insolence et la brutalité de son ennemi. Je me souvins de Jérusalem en ruines, des gémissements du prophète Jérémie, et sur les premiers versets des Lamentations j'écrivis une élégie biblique que j'intitulai "Gallia." Le texte, palpitant d'actualité me donnait ce diapason universel, infaillible, catholique, du malheur des nations vaincues et de cette rage brûlante avec laquelle les victimes invoquent le Dieu des armées, la revanche du Seigneur " in brachio extento." Je me mis à l'œuvre ; la composition m'en vint tout entière d'un seul bloc ; elle éclata dans mon cerveau comme une sorte d'obus ; je puis dire qu'elle s'imposa plutôt que je ne la composai. Elle produisit à l'exécution un effet considérable ; je crois être dans la justice en disant qu'elle fut le morceau le plus remarqué de la séance, et ce triomphe d'un moment fut bien plus une joie pour mon cœur de Français que pour mon orgueil d'artiste.— Revenons à M. Littleton. Ce commerçant se trouvait à la tête d'une entreprise musicale nommée " Oratorio Concerts;" son intendant, M. Barnby, en dirigeait les exécutions qui avaient lieu tous les quinze jours dans Saint-James's Hall, Regent Street. Dans le courant de l'hiver (en Janvier je crois), M. Littleton m'avait commandé deux compositions importantes, pour solos, chœurs, et orchestre : c'étaient un psaume que j'avais divisé en plusieurs morceaux, le traitant à la manière d'une cantate, et un " O salutaris," pour quatre voix et orchestre. J'avais demandé à M. Littleton pour prix de ces deux ouvrages, dont il désirait acquérir la propriété pour tous pays, une somme totale de 200 livres (5,000 francs) à laquelle il avait consenti verbalement. Ni moi ni lui ne songeâmes à faire un traité par écrit. A quelque temps de là M. Littleton fut informé que j'écrivais mon élégie biblique "Gallia" pour l'Exposition Internationale. " Cette œuvre sera-t-elle à moi ?" me dit-il. " Pourquoi pas," répondis-je, " si vous voulez la payer ?—" Combien ?"—" 200 livres." " Très-bien !" Je terminai " Gallia," je remis la partition à M. Littleton, et tout fut prêt à l'époque fixée pour l'exécution qui eut lieu, ainsi que je l'ai dit plus haut, le 1er Mai, avec un très-grand succès. Peu de jours après, M. Littleton vint me voir et me dit qu'il trouvait ma demande exagérée : il me proposa de rabattre 80 livres sur les £400 sur lesquelles son agrément verbal m'avait laissé compter. Cette proposition me mettait dans l'alternative ou de me rendre (selon mon habitude), ou de plaider, ou de refuser en me créant l'embarras et l'ennui de racheter les planches et de me faire en quelque sorte marchand de ma musique, ce qui ne me serait jamais venu à l'esprit. Je consentis donc, et, en conséquence, M. Littleton me fit signer sur ces termes définitifs un contrat écrit que sa prudence avait sans doute tenu en réserve dans les replis de sa préméditation. Voici un premier exemple de la générosité avec laquelle le commerce Anglais me récompensait du bénéfice qu'il recueillait depuis des années de la vente de mes œuvres, sans parler des contrefaçons hideuses à l'aide desquelles nombre d'éditeurs à Londres avaient rempli leur bourse et dégradé mon nom. | Je ne suis pas au bout, et j'en aurai bien des autres à mettre au jour ; car il faut enfin que le jour se fasse sur les abominables machinations de ce commerce musical dont les mains ne se contentent pas d'être si souvent coupables envers les auteurs, mais encore traînent si salement dans la boue de la vulgarisation les œuvres dont il devrait tenir à honneur d'être la sauvegarde vigilante et le dépositaire intègre.| Cependant la fin de nôtre séjour à Londres approchait, et nous nous disposions à reprendre la route de notre chère France, lorsque diverses circonstances s'offrirent qui m'obligèrent à rester quelques semaines encore.  Le Comité de l'Exposition, qui s'était reservé le droit de faire exécuter "Gallia" à sa convenance pendant la saison, me fit part du désir d'en donner une deuxième audition dont la date fut fixée au 21 Juillet. Entretemps, j'avais écrit un certain nombre de compositions (mélodies, duos, motets, hymnes), qui allaient être publiées par M. Littleton, mais, cette fois, sur des conventions nouvelles, selon un système particulier de vente et de propriété musicale que l'on nomme en Angleterre "Royalty System ;" c'est-à-dire que l'éditeur vous donne ou non tout d'abord, une somme ferme, mais qu'il vous reconnaît un tantième sur chaque exemplaire marqué de votre griffe.  Ce système est à mes yeux, le plus équitable de tous, car il repose sur la proportion entre le succès et le bénéfice.  Si la moisson est abondante pour l'éditeur, il semble bien juste que la part qui revient à l'auteur de son bénéfice soit proportionnelle.  Néanmoins, ce système est corrompu, en Angleterre, par une coutume singulière à laquelle je consacrerai bientôt un examen sérieux, et dont je désire mettre en évidence le caractère à la fois odieux et ridicule, en ce sens qu'il est une exploitation préjudiciable aux intérêts des auteurs aussi bien qu'à ceux de l'art. Cette coutume consiste à faire entrer les chanteurs de profession dans le partage des bénéfices provenant de la vente des morceaux. Je montrerai les résultats funestes d'un pareil usage. Mais il faut qu'auparavant je fasse connaître comment je fus amené à recourir au " Royalty System," et comment je fus puni de l'avoir adopté par la ligue immense qui s'organisa à Londres contre moi sur toute l'échelle de la gent professionnelle et commerciale, et, par suite, de la critique.

Le dimanche 26 février 1871, je passais la soirée chez Jules Bénédict, un bon et charmant homme, doux, bienveillant, plein de talent, d'un jugement et d'un goût fins et délicats. J'avais fait sa connaissance à Londres il y a une dixaine d'années, et il m'avait témoigné, à cette époque, de la manière la plus gracieuse, l'intérêt avec lequel il suivait mes œuvres et ma carrière. Je le retrouvai avec grand plaisir. Je venais de lui faire entendre, en tout petit comité intime, quelques unes de mes récentes compositions. Il était près d'onze heures, et j'allais me retirer, quand un monsieur et une dame entrèrent au salon. "Oh!" me dit vivement Bénédict, " voici de bons amis qui, je suis sûr, seront très heureux de faire votre connaissance." Et en même temps, il me présenta à Madame Weldon, qui, à son tour, me présenta à son mari, " Quel dommage, mon cher Gounod," continua Bénédict, " que vous partiez déjà? Je regrette tant que Madame Weldon ne vous ait pas entendu! Elle est, elle-même, douée d'un très beau talent de cantatrice, et quoique simple amateur, elle est plus digne du nom d'artiste que beaucoup de celles qui le portent; de plus, elle aime beaucoup votre musique, et si vous vouliez bien redire quelqu'-uns des morceaux que vous nous avez fait entendre ce soir, vous lui feriez, ainsi qu'à moi, grand plaisir." "Oh! certainement, monsieur," reprit Madame Weldon, ajoutant avec beaucoup de simplicité : " Je n'aurais pas osé vous le demander, mais je serais bien contente." Je me remis donc au piano ; je chantais une ou deux mélodies, et pris congé de Bénédict et de ses amis. Le surlendemain, mardi soir, étant allé entendre une répétition à la Société Chorale, dirigée par Mr. H. Leslie, je fus tout surpris d'y rencontrer Madame Weldon, qui était précisément en train d'y chanter la partie de soprano solo dans l'admirable composition de Mendelssohn " Hear my prayer." Je fus frappé de la pureté de sa voix, de la sûreté de sa méthode, de la noble simplicité de son style, et je pus me convaincre que Bénédict ne m'en avait pas trop dit sur son remarquable talent de cantatrice. Elle partit aussitôt après le morceau achevé pour se rendre dans un concert, où elle devait chanter encore. Je ne soupçonnais aucune occasion de la revoir ou de la réentendre, lorsque, le lendemain mercredi, jour où je restais à la maison, elle se présenta chez moi, encouragée sans doute par les compliments que je lui avais faits la veille. Voici quel était le but de sa visite. M. Rimmel, grand parfumeur Français fort renommé à Londres, n'excelle pas seulement dans la connaissance des parfums qui s'addressent à l'odorat : il cultive, et avec amour, ceux de la bienfaisance et de la charité. Or, il s'occupait, précisément à cette époque, de l'organisation d'un grand concert au bénéfice des blessés Français, et il était venu me demander d'y coöpérer. Ce que Madame Weldon ayant appris, elle venait savoir si je ne pourrais pas disposer pour elle d'une place sur le programme, afin d'y faire inscrire, comme devant être chantée par elle, une Ode composée par son ami, Fréd. Clay. Cette Ode était intitulée " Albion, O sœur généreuse !" et le produit en devait revenir à nos pauvres victimes de la guerre. Je dis à Madame Weldon qu'il ne dépendait pas de moi de faire ce qu'elle désirait, mais que je pouvais lui donner un mot d'introduction pour M. Rimmel, qui, bien probablement, accéderait à sa demande s'il en était encore temps. M. Rimmel consentit. Peu de jours après le concert, Madame Weldon et son mari quittèrent Londres pour aller passer un mois dans le nord du pays de Galles. A leur retour à Londres ils revinrent nous voir, et c'est alors que s'établirent entre eux et moi les relations qui devaient me faire rencontrer en eux de si fidèles et de si courageux amis. A la suite des quelques confidences que je leurs fis sur la situation de mes affaires musicales, ils m'engagèrent immédiatement à adopter dans mes transactions le " Royalty System," dont j'ai parlé précédemment. Ce fut le point de départ de tous nos ennuis : ce sera la raison de notre réussite et la confusion de nos détracteurs. En un instant, je vis les obstacles s'amonceler de toutes parts autour de moi et de mes amis Weldon. C'était tout simple. Ils m'ouvraient les yeux sur mes intérêts ; il n'en fallait pas plus pour leur faire, ainsi qu'à moi, des ennemis de tous ceux qui, ayant exploité mon inexpérience, avaient intérêt à l'entretenir. La calomnie se faisant l'arme de la conspiration, le plan de bataille fut complet. Comme la malveillance n'y regarde pas de si près, et qu'elle fait feu du bois de toutes les sottises, nous fûmes en quelque sorte mis à l'index, dénigrés partout, jusques près de la Reine, qui m'avait fait le plus gracieux accueil, et à qui l'on débita sur mon compte les bruits les plus ridicules et les plus mensongers sur la façon violente et intraitable dont je me comportais envers les membres de la vaste Société Chorale qui s'était fondée dans "Albert Hall" sous ma direction, et dont j'avais eu l'honneur de recueillir publiquement des témoignages de sympathie qui sont la plus noble réponse que je puisse faire à mes ennemis. Toutefois, voici quelle fut, en apparence, la cause et en réalité le prétexte de la guerre ; car, hélas ! nous l'avons vu dernièrement, sur une échelle formidable, la guerre ne cherche que des prétextes. J'avais vendu à Mr. Littleton, dans les derniers temps de mon séjour à Londres, une dixaine de morceaux pour lesquels nous étions convenus d'une somme ferme à payer de suite, et d'un tantième, ainsi que je l'ai expliqué, sur chaque exemplaire timbré de ma signature. Parmi ces morceaux se trouvait un Duo sur des rimes Espagnoles, intitulé "La Siesta." Mr. Littleton voulut en faire faire une traduction Anglaise pour en accroître les chances de circulation, ce qui était tout naturel. Lorsqu'il m'envoya les épreuves de cette nouvelle version à corriger, nous trouvâmes, mes amis et moi, que les mots de la traduction Anglaise étaient absolument insensés. J'en allai faire la remarque à Mr. Littleton, et l'informai que j'allais prier Mr. Francis Palgrave de vouloir bien écrire pour ce morceau quelques vers Anglais. Lorsque je renvoyai les épreuves à Mr. Littleton avec les paroles de Mr. F. Palgrave, il en fit tirer une nouvelle épreuve qu'il me retourna couverte des critiques et des quolibets de son intendant musical Mr. Barnby, lequel m'écrivit qu'il ne laisserait jamais Mr. Littleton publier sous la musique de mon Duo un texte aussi risible (laughable). L'affaire en resta là, et la traduction Anglaise de "La Siesta" ne fut jamais publiée. Voilà une des circonstances dans lesquelles la Loi favorise la malveillance de l'éditeur et le préjudice de l'auteur, puisque je n'ai ni le pouvoir de forcer Mr. Littleton à publier la traduction que je préfère, ni le droit de la publier moi-même, ou la faire publier par d'autres, et que, par conséquent, je me trouve privé du produit sur la vente de ce morceau. Cependant l'époque approcha où je devais quitter Londres : j'allai prier Mr. Littleton de régler nos comptes ; nous arrêtames, d'un commun accord, la somme qui m'était due et le jour du payement ; le matin même du jour convenu, au lieu du chèque que j'attendais, je reçus de Mr. Littleton une lettre dans laquelle il cherchait de nouveau à réduire (et, cette fois, de moitié) la somme qu'il devait me verser comptant. J'en avais assez de ce procédé, auquel mes amis m'engagèrent fort à ne plus tendre le dos, et je me résolus à intenter à Mr. Littleton un procès, en appréhension duquel il s'exécuta au bout de cinq mois de résistance et de mauvais vouloir. J'avais alors, depuis quelque temps, avec mon éditeur Français, M. de Choudens, une correspondance* dans laquelle je lui proposais d'adopter avec moi désormais et d'acclimater ainsi en France le " Royalty System." M. de Choudens,

---

\* Elle se termina par la lettre suivante.—G. W.

"*Tavistock House, Tavistock Square,*
"15 *Mai* 1872.

" Monsieur,

"Voici ma réponse à vos *deux grossières lignes*. Je ne vous ai jamais calomnié, vous, pas plus que personne, et vous devez savoir que la calomnie ne me ressemble pas. Ce que j'ai dit (et ce que je dis encore parceque j'en ai la conviction) le voici :—Vous avez formulé une fois devant moi un principe qui m'a frappé autant par la concision que par la délicatesse des termes : " Tout le commerce tient dans deux mots : *Vendre et ne pas acheter.*" Je trouve tout simple qu'on mette ses actes d'accord avec ses principes ; mais ce principe-là n'étant pas absolument de mon goût, je désire vous faire comprendre comment je juge l'application que vous avez pu en faire. Une fois déjà, dans une de vos lettres de l'an passé, vous avez fait sonner très-haut votre sollicitude pour mes intérêts, et vous vous êtes adressé les compliments les plus flatteurs sur le prix que vous m'avez payé de mes œuvres, disant que ce prix était *exceptionnel*, et que *jamais* aucun compositeur n'avait reçu une somme égale à celles dont votre générosité m'a gratifié—je pourrais vous donner vingt preuves du contraire ; je pourrais, en outre, ajouter que mes œuvres ne sont peut-être pas non plus celles du premier venu ; non-seulement au point de vue de leur valeur intrinsèque, mais encore de leur valeur *commerciale ;* vous en savez là-dessus plus long que moi, et vous trouverez bon que je trouve, sur ce point, votre *dévouement* un peu moins clair que votre *intérêt*. Je me bornerai à vous dire ceci. Les mélodies de Mlle. Loïsa Puget se vendaient jusqu'à 800f., et cela se passait il y a trente ans : je n'en ai reçu de vous jamais plus que 500 pour les miennes ; j'ai même quelque peine, (si vos termes étaient si généreux), à m'expliquer comment vous me demandiez *sans cesse* un nouveau manuscrit ; comment vous *furetiez* incessamment dans mon cabinet, à l'affût de tout ce que j'écrivais, faisant main basse sur les moindres fragments, chansons, cantiques, chœurs, etc., que je pouvais avoir sur le chantier, répétant avec un empressement dont j'apprécie aujourd'hui la valeur, " Ceci est pour moi ! " "Y-a-t-il encore quelque autre chose ? " etc. Quant à *Sapho, Tobie*, et tant d'autres, vous savez le prix que vous en avez donné ? ce chiffre-là se fait avec un petit rond, comme cela.—O— Eh bien, monsieur, je vous étonne, peut-être ; mais je vous assure que je n'ai aucune admiration ni aucune reconnaissance pour tout cela ; cela m'est absolument impossible ! Je trouve, moi, que j'ai fait votre fortune et vos affaires bien plus que vous n'avez fait les miennes. Je trouve que mon nom existait *avant* le vôtre, et que le vôtre s'est fait *par* le mien. Je trouve que, commerçant habile, ingénieux et remarquablement fin, comme vous l'êtes, vous avez beaucoup plus surveillé vos intérêts que les miens, et je vous demande la permission de vous en donner ici l'exemple et la preuve. La pièce que vous m'envoyez et qui émane du Ministère de l'intérieur ne preuve qu'une seule chose, celle dont je me plains précisément : c'est que vous avez très-soigneusement fait toutes les démarches et rempli toutes les formalités nécessaires pour assurer et sauvegarder *votre propriété comme éditeur*, c'est-à-dire. comme LIBRAIRE ; mais vous savez bien que cela n'a rien de commun avec la question des *droits d'auteur* concernant la représentation théâtrale ; vous savez bien (et ce n'est pas un éditeur accompli comme vous et ferré comme vous sur la législation commerciale qui pouviez l'ignorer)— vous savez bien que l'enregistrement de la première représentation est une mesure essentielle pour la garantie des droits d'auteur, puisque la Loi assimile *formellement* la première représentation à une *publication*, et qu'une œuvre tombe dans le domaine théâtrale trois mois après la 1ère représentation, si la date de cette première n'a pas été enregistrée avant l'expiration des susdits trois mois. Vous voyez donc bien que vos formalités ne pouvaient garantir et n'ont préservé en effet que vos droits de libraire, c'est-à-dire l'interdiction d'imprimer, graver, publier *le* LIVRE appelé *Faust*, opéra, etc. . . . . mais aucunement les *droits d'auteur* résultant pour nous de la représentation en pays étranger. Si c'était négligence, c'est coupable ; car j'y perds des sommes très-importantes pour moi ; si c'était *ignorance*, c'est misérable ; vous avez également compromis mes intérêts, et les vôtres se trouvent sauvés. Mr. Chappell prétend qu'il n'avait nullement qualité pour effectuer l'enregistrement et le dépôt des déclarations et de la partition dont vous lui adressiez deux exemplaires. Pourquoi donc n'avoir pas pris les mesures nécessaires pour qu'au refus de Mr. Chappell les titres et l'ouvrage pûssent être enregistrés et déposés à *Londres* en temps *urgent ?* Ne saviez vous pas que la 1ère de *Faust* était le 19 mars, et que le 19 juin était la limite ? La seule prudence, la seule possibilité de n'être pas prêt à paraître avant la fin des trois mois ne vous faisait elle pas un devoir qui pourtant n'avait pas lieu de se plaindre de ce que lui avait rapporté ma musique, refusa formellement, et me dit : " Ce système est bon avec vos Pickpockets d'éditeurs Anglais : une maison honorable comme la mienne ne l'adoptera jamais. Au reste, vous me direz des nouvelles des avantages de votre système Anglais : je vous y attends !" Ce que *l'honorable maison* de M. de Choudens considérait comme une insulte à son honorabilité, *l'honorable éditeur* M. A. Lemoine me l'a offert sans hésitation. J'exposerai, dans les pages qui suivront, les éléments qui corrompent, en Angleterre, l'équité du " Royalty System," lequel, néanmoins, demeure encore, et doit surnager, comme le plus conforme à la justice et au bon sens.

Le " Royalty system "—c'est-à-dire, le partage des béné-

---

impérieux de vous déclarer acquéreur de l'œuvre, et d'enregistrer, pour parer à tout danger, la date de l'apparition théâtrale de l'œuvre à Paris ?—Non, monsieur, mille fois non ; vous ne pouvez pas échapper, si vous avez une conscience, ou regret de m'avoir porté un préjudice considérable soit par *négligence*, soit par *ignorance*. Quant à la gloire d'avoir fait mes affaires, je vous conseille d'y renoncer ; c'est une étrange prétention : j'ai fait les vôtres ; voilà le vrai.

" Je termine en vous informant que M. Achille Lemoine, que je crois aussi. . . . *honorable* que vous, n'a pas cru *déshonorer* sa maison (comme vous la vôtre), en acceptant avec joie de traiter avec moi par le système du *tantième* avec consentement à *la présence de ma signature sur les exemplaires vendus.*

" CH. GOUNOD.

" P.S.—Un mot encore : permettez moi de vous rappeler que l'acte d'enregistrement de *Roméo et Juliette* à Londres avait été irrégulier, ainsi que j'ai pu m'en assurer sur les registres officiels, une ordonnance du Juge a du faire annuler et rectifier cet acte. Pardon, monsieur, deux lignes encore, à propos de l'intérêt si touchant que vous avez pris à ce qui me concerne.—Que dites vous des 46 représentations de *Mireille ?* (25 en une fois, et 21 à la reprise, je crois ! . .) *Mireille !* monsieur, *Mireille*, ce n'est pas une ordure ; Mr. Carvalho aimait cet ouvrage ; votre amitié pour lui et son amitié pour vous ouvraient une porte aux propositions que vous auriez pu lui faire de jouer *Mireille* 4 fois encore, ce qui aurait amené le chiffre de 50 représentations, après lequel, à la vérité il vous aurait fallu nous payer 5,000 francs de plus. Et *Philémon et Baucis*, monsieur, *Philémon et Baucis !* ce n'est pas une ordure, monsieur, il y a du talent là dedans, mon cher monsieur ! il y a du talent qui ne vous a pas couté cher ! Et *La Colombe*, mon bon monsieur, *La Colombe* qui devait nous apporter encore quelques petites miettes après la 25me, et qui n'a volé que jusqu'à 22 ! Bien près, mon bon monsieur, bien près ! . . . ô fatalité !

" CH. GOUNOD."

fices entre l'auteur et l'éditeur sur la vente des œuvres musicales—est le système usité et avoué dans le commerce musical anglais. Ainsi énoncé et vigoureusement pratiqué, ce système est, sans contestation, le plus équitable, de tous, et même le seul équitable, puisqu'il est basé sur la proportion entre le succès et le bénéfice. Mais il s'en faut bien que la pureté de la pratique réponde à celle de la théorie. Comme je l'ai dit précédemment, les chanteurs de profession sont devenus, en Angleterre, une des parties co-intéressées dans la vente de la musique, et leur intervention a suffi pour corrompre l'équité du système en amenant les résultats honteux et funestes que je vais signaler, et qui ne constituent rien moins qu'un véritable agiotage musical, au plus grand bénéfice des agioteurs, et au plus grand préjudice des auteurs et de l'art lui-même. Le premier grief à produire contre la participation des chanteurs au partage des bénéfices sur la vente d'un morceau est bien facile à comprendre. Le voici :—Les chanteurs et les cantatrices, qu'ils se produisent au théâtre ou dans des concerts, ou dans des matinées ou soirées (publiques ou autres) sont rétribués pour leur talent ou le prestige du nom qu'ils se sont acquis comme chanteurs : c'est à ce titre qu'on les paye ; c'est là leur profession ; on ne les paye pas pour chanter telle ou telle musique, mais simplement pour chanter. Que penserait-on d'une cantatrice qui dirait à un directeur de théâtre : " Monsieur, je veux bien chanter le rôle de Marguerite dans le *Faust* de M. Gounod, mais à une condition : c'est que je partagerai les droits d'auteur avec M. Gounod ?" Le directeur n'aurait à répondre que ceci :—" Madame, vous gagnez votre vie avec votre talent de cantatrice ; il est juste que M. Gounod gagne la sienne avec son talent de compositeur. Pourquoi donc vous arroger des droits sur une part qui est la sienne ? Que penseriez-vous de lui s'il disait à son tour—' Je veux bien que Madame X. chante le rôle de Marguerite, mais à une condition—c'est que je partagerai avec elle ses appointements ?' Ce serait absolument aussi juste, ou plutôt aussi injuste : à chacun selon son talent. Les chanteurs ont besoin des auteurs, Madame ; et leurs œuvres sont aussi nécessaires à la production de vos talents que vos talents sont nécessaires à la propagation et à la publicité de leurs œuvres. Ne prétendez donc rien sur leurs bénéfices, puisqu'ils ne prétendent rien sur les vôtres. D'ailleurs, vous le savez, ceux que vous voudriez ainsi dépouiller sont moins riches que vous. Cependant ils sont l'âme, vous n'êtes que le corps ; ils sont l'idée, vous n'êtes que la voix : la voix sans l'idée, c'est le bruit : le corps sans l'âme c'est le cadavre." Lorsque j'entrai, pour la première fois, en affaires avec un éditeur Anglais, j'ignorais absolument l'existence du " Royalty system," et la manière dont il fonctionnait. Ma musique se chantait beaucoup à Londres et dans toute l'Angleterre, et j'ai vu, de mes yeux, jusqu'à des 30mes éditions de mélodies circulant sous mon nom, soit prises dans des œuvres de moi tombées dans le domaine public, soit abominablement travesties et dénaturées, et absolument indignes de ma plume, à quelque moment que ce fût de ma carrière. Cette vente, sur laquelle je n'ai jamais touché un centime et qui avait "popularisé" mon nom en Angleterre avec cette irrévérence désastreuse et révoltante de la spéculation commerciale à qui tous les moyens sont bons, cette vente considérable avait cependant profité à quelqu'un. A qui ? aux éditeurs, d'abord, dont la piraterie ne recule devant rien ; puis aux chanteurs, instruments intéressés, soudoyés de la propagation de toutes ces loques que l'on répandait sous mon nom ; puis enfin au discrédit même de mes œuvres authentiques et à la déconsidération de ma valeur artistique, si, Dieu merci, je ne tenais encore une plume qui prouve que de pareilles ordures avaient volé le nom dont on patronait leur publicité. Je m'explique donc parfaitement pourquoi, lorsque je vins à Londres, ni éditeurs ni chanteurs ne m'informèrent de l'existence du système en question. On partageait à deux ; pourquoi partager à trois ? Ce fut seulement en Janvier, 1872, que la première ouverture me fut faite en ce sens—voici comment :—J'avais adopté, depuis plusieurs mois, le " Royalty system" avec deux éditeurs de Londres (la Maison Novello et la Maison Duff et Stewart) sans qu'il eût été le moins du monde question, de la part de ces éditeurs, d'une convention quelconque entre eux et moi stipulant un tantième de bénéfice pour les chanteurs ; lorsque, le 15 Janvier, 1872, je reçus du mari d'une cantatrice bien connue une lettre dans laquelle il me disait : " Vous êtes bien aimable d'offrir à ma femme

d'adopter quelqu'une de vos compositions plus récentes. Elle en serait bien heureuse, mais Novello, qui m'a fait des propositions à ce sujet, s'est montré intraitable."
Le 31 Janvier, je reçus une seconde lettre dans laquelle se trouvaient les mots suivants :—" Dois-je répéter combien Madame X... serait charmée d'avoir un 'song' (une mélodie) de vous ?" Puis venait le post-scriptum suivant :
—" P.S.—Il est bien entendu que je ne demande rien qu'aux conditions d'usage." Naturellement je demandai, dans ma réponse, quel était le sens du post-scriptum, et ce que signifiait "aux conditions d'usage." Je reçus, le 6 Février, l'explication suivante :—" J'ai mis le P.S. pour prévenir des difficultés avec l'éditeur qui publierait le 'song.' Si c'est Boosey ou Chappell, cela ira de soi ; mais, avec un autre, il serait peut-être nécessaire de stipuler que le 'song' doit être chanté par Madame X. . . . Sans doute vous savez ce que c'est que le 'Royalty system,' par lequel le compositeur, au lieu de vendre un 'song' à tout jamais ('out and out'), prelève un tantième sur chaque exemplaire de vendu. Le chanteur, idem ; d'où il résulte que les profits qui, en cas de succès, montent quelquefois à £2,000 (50,000 francs), sont partagés entre trois, au lieu d'entrer dans la poche de l'éditeur seul ! &c." . .
Le lendemain, 7 Février, je fis la réponse suivante :—
". . . . En fait d'éditeur, il n'est question ni de Boosey ni de Chappell, ni d'aucun éditeur connu dans l'un ou l'autre des deux hémisphères ; mon éditeur, à ce moment c'est moi-même, précisément pour ne plus être l'instrument de ces bénéfices monstrueux dont messieurs les éditeurs nous sont redevables et si peu reconnaissants. Quant au 'Royalty system' dont vous me parlez dans son application aux interprètes, voilà la première fois que la théorie s'en présente devant ma tête, et je vous confesse qu'il m'est impossible de l'y faire entrer. Je ne comprends guères que les artistes qui, déjà, sont payés pour chanter dans les concerts, et peuvent y exécuter des morceaux à leur gré et de leur choix, prélèvent encore une part sur le revenu si légitime d'un auteur dont on sait en général que la fortune est amassée si laborieusement, si péniblement, et souvent rémunérée si injustement. Je dois donc vous avouer très loyalement que, si telles étaient vos conditions, je me verrais obliger de n'y pas souscrire, en dépit du regret que j'aurais

d'être privé d'une interprète aussi distinguée et aussi populaire que Madame X. . . ." Le jour suivant, 8 Février, je reçus la lettre que voici :—" L'été dernier, Novello a offert à Madame X. . . . . un *royalty* sur deux ou trois de vos mélodies, et je connais des artistes qui en chantent sous ce système. C'est la connaissance de ces faits qui m'a donné la hardiesse de vous demander une mélodie, et je ne vois pas bien comment les concilier avec votre lettre d'hier. Quoiqu'il en soit, je suis charmé d'apprendre que vous êtes vous-même l'éditeur de vos œuvres ; car, comme tel, vous comprendrez vite l'avantage du ' Royalty system' qui est de l'invention de ces mêmes éditeurs que vous qualifiez si bien. La rapacité leur a fait découvrir que les chanteurs sont un moyen de publicité plus économique que la presse. Les chanteurs, de leur coté, n'ont pas été lents à comprendre la puissance que leur talent leur donne, et bien fous seraient ceux qui en laisseraient profiter d'autres, qui, comme vous le dites si bien, ne les en remercieraient seulement pas ! Il est encore à remarquer que le même système existe pour la vente des instruments. Tel pianiste, professeur, ou même amateur, perçoit 25 ou 30 p. c. de remise sur la vente d'un piano, et cela pas toujours en vertu de son talent ! Les fabricants encore paient les exécutants pour faire entendre leurs instruments en public, et ceux-ci n'en recoivent pas moins leurs honoraires. Voilà pour la justification du système ; et, chose singulière, depuis son introduction, les auteurs qui veulent encore vendre leurs mélodies, en touchent un prix au moins quintuplé ! Ceux qui ne les vendent plus, et c'est le plus grand nombre, ont tout intérêt à ce qu'ils soient chantés une centaine de fois devant le public, d'où ils acquièrent une publicité que dix années d'annonces ne leur donneraient pas." Ainsi se termina cette correspondance. Aux documents que je viens de produire je n'ajouterai qu'un mot qui achevera de montrer ce qu'il y a d'injuste et d'abusif dans les prétentions que j'ai combattues et ne cesserai de combattre. On paye une somme considérable à un jockey pour faire gagner à tel cheval le prix d'une course importante, et Dieu sait tout ce qui se manigance à ce propos sur le turf ! . . . Dans le commerce de musique savez-vous comment les choses se passent ? Le voici. Le chanteur ou la chanteuse dont le nom est inscrit en tête du morceau touche son dividende à perpétuité, même s'il ne chante plus le morceau, et ses héritiers continuent à percevoir le tantième après lui ! Que dites vous de cela ? C'est complet. Il faut tirer l'échelle. Tirons la . . . et surtout, tâchons d'estropier et d'abolir le système qui en gravit et en occupe les échelons ! J'ai montré la valeur morale de cette invention commerciale : j'en ferai voir maintenant la valeur et les conséquences artistiques.

Je viens de montrer, combien est injuste pour un auteur, au point de vue des profits, cette coutume qui admet les chanteurs au partage des bénéfices provenant de la vente d'un morceau de musique. Je n'ai rien dit de la proportion (parfois exorbitante) dans laquelle ce partage s'effectue. Je me suis borné à signaler l'iniquité du principe. Je veux parler aujourd'hui des conséquences funestes de ce principe pour l'art lui-même. Une chose saute aux yeux tout d'abord ; c'est celle-ci. Il est évident que le médiocre, le lieu commun, les rengaînes, étant, d'une part, plus accessibles au goût du vulgaire, et exigeant, d'autre part, beaucoup moins de talent dans les interprètes, le chanteur, à moins d'être un apôtre (ce qui est rare), se trouve fatalement sollicité par la considération de son gain, et préfère la mauvaise musique qui garnit son gousset, à la bonne musique dont l'interprétation exige plus de talent, et la propagation plus d'effort et de combat. Le triomphe de toute œuvre supérieure demande une prédication soutenue, acharnée, invincible, une conviction plus forte que toutes les résistances, un désintéressement à l'épreuve de toutes les tentations du lucre ou de la gloriole. C'est donc à cette prédominance de l'intérêt sur l'art qu'il faut attribuer l'immense publicité de tant d'œuvres médiocres, et le déluge de mauvaises ballades, romances, chansons et chansonettes de toute sorte dont l'Angleterre est littéralement submergée. On entretient ainsi dans le public cette pernicieuse habitude de la banalité, du mauvais goût, de l'insignifiance et de la laideur, habitude qui centuple la difficulté de saisir le beau, dont les caractères de simplicité, de mesure, de tranquille noblesse, de sérénité, sont précisément l'opposé de toutes les exagérations de violence ou de mièvrerie dont on alimente la foule qui remplit les salles de concerts.—Mais, dira-t-on, que faites vous de ces oratorios si populaires parmi les Anglais, et à l'audition desquels ils se pressent en masse ? Ce sont pourtant de belles œuvres, auxquelles l'admiration publique et nationale demeure fidèle, vous en convenez vous-même.—C'est vrai : les oratorios, j'ai pu le constater, sont très suivis, très courus en Angleterre, malgré une exécution souvent inférieure et peu musicale, selon moi, du moins. Mais il faut d'abord faire, dans ceci, la part de la coutume qui, chez les Anglais, tient une place considérable ; ils vont là à peu près comme ils vont à l'office, comme on va, en France, à la dernière messe d'une heure, plutôt par une sorte d'acquit de conscience envers une institution que par amour pour l'œuvre même : c'est, en quelque sorte, une prêche en musique, auquel grands nombres de fidèles s'ennuient dévotement et mettent leur piété en règle avec la musique docte. Il faut ajouter à cela l'impulsion énorme donnée à cette sorte de fondation hiérarchique par ceux qui sont intéressés à la maintenir ; ce sont les éditeurs, dont la spéculation sur le débit de la musique sacrée en Angleterre est prodigieuse. Les œuvres de Händel et de Bach étant tombées dans le domaine public, celles de Mendelssohn ayant été achetées pour . . . un vrai plat de lentilles par un riche éditeur, une nuée de corbeaux s'est abattue sur les reliques des saints, et en exploite pieusement la vénération auprès des fidèles dont la crédulité paye les frais du culte et fait la fortune des "bédeaux" du grand art. On n'a aucune idée de la quantité de partitions qui se vend à la porte ou dans les salles de concerts : c'est par milliers ; et le profit de ce grand répertoire, de ce vieux rituel musical, est tout entier pour ces vénérables patriarches du commerce, qui, par le généreux placement de quelques centimes, ce sont dévoués à la propagande de la sainte musique dont le bon marché leur apporte des millions. Ce bon marché (tout simple, puisque les frais sont nuls et les bénéfices exorbitants), rejaillit sur les auteurs vivants, dont le public s'étonne et se plaint de voir la moindre mélodie marquée plus cher que tel oratorio d'un maître ; mais le public ne se dit pas que l'éditeur, qui n'a plus à payer les morts, doit au moins faire semblant de payer les vivants. De plus, lors même que le profit d'une pareille spéculation serait de moitié ou des trois quarts moindre que ce qu'il est, il n'en représenterait pas moins encore, sur une échelle colossale, le système d'annonces et de réclames dont tous les murs, livres, placards, boutiques, omnibus, choses, bêtes, et gens de Londres sont couverts. Londres est une ville dont le vêtement est une affiche : le développement excessif du savoir faire y a pris la place de la conscience dans la production, en y multipliant toutes les roueries du charlatanisme ; et je vois mes propres agents obligés, pour tenir la place sur le marché, d'avoir recours à des expédients qui font bouillir mon sang d'artiste et de Français. Je m'étends à dessein sur tous ces détails, et je desire que le public les sache, non pas seulement dans mon intérêt à moi, mais aussi et surtout dans l'intérêt de mes confrères à venir et de mon art : il ne faut plus que nos travaux et nos veilles s'engloutissent dans la poche de ces marchands gros et gras qui ont voiture, achètent des propriétés, et marient leurs filles avec la dot des nôtres.—Non seulement les éditeurs veillent par la réclame au maintien de l'oratorio, mais ils en organisent eux-mêmes, la plupart du tems les exécutions, autre produit qui tombe dans leur poche : c'est comme un vaste réseau à l'aide duquel le même individu vient en aide, comme organisateur de concerts, à sa spéculation de marchand de musique. C'est ainsi que Messrs. Chappell ont fondé les Monday Popular Concerts ; Mr. Boosey, les Ballad Concerts ; sortes de Bazars où messieurs les éditeurs font entendre les œuvres de leur fonds par des chanteurs assermentés dont ils s'assurent la dépendance et le monopole. On comprend qu'un pareil mécanisme accapare la circulation, et ferme les chemins de la publicité à quiconque ne se constitue pas prisonnier entre les mains de l'entrepreneur. Il y a là toute une stratégie qui vous enveloppe comme dans un blocus, et qui vous tient par les affiches, les annonces, la publication, les comptes rendus, les critiques, les chanteurs, les sociétés chorales, les orchestres—enfin tout. Si donc on veut garder son indépendance, il en coûte des dépenses énormes et des persécutions acharnées. C'est ce qui m'est arrivé. J'ai dû recourir au seul moyen qui me restât d'échapper à ce baillon que le monopole met à la bouche de tous ceux qui ont l'audace de vouloir se soustraire à sa tyrannie. J'ai fondé, moi aussi, des concerts, afin d'avoir une tribune du haut de laquelle nul ne pût m'empêcher de m'adresser directement au public. J'ai créé un éditeur qui n'eût pas intérêt à cacher ma musique, et qui ne m'imposât pas ses chanteurs à subir et à payer. J'ai réuni une société chorale dont le concours est rétribué par les stalles auxquelles a droit chacun de ses membres. J'ai écrit un vaste ensemble de compositions de nature à défrayer de nombreux programmes, et pour long-tems ; et là, dans mon domaine, sur ce champ que mes amis et moi nous cultivons de notre travail, de notre courage, de notre foi, et de notre liberté, je vois grandir et se développer dans la patience, dans l'étude, dans la confiance au vrai et dans l'ignorance de la servitude musicale, éléments qui mineront un jour la vieille masure du mercantilisme, pour fonder sur ses ruines le règne de l'indépendance et de la sincérité artistiques. Là se produiront avec honneur et avec confiance des sujets modestes, élevés dans la persévérance de l'étude, le respect du beau et l'horreur du faux éclat. Cette *pépinière* d'aujourd'hui deviendra, je n'en ai aucun doute, une vaste forêt dont les rameaux vigoureux porteront de tous cotés la sève robuste d'un enseignement salutaire et sûr. Il ne s'agit pas de chanter à peu près bien tel morceau et d'être incapable de chanter tel ou tel autre : il s'agit de posséder au complet les ressources du chant, et de ne pas les remplacer par ce déplorable *à peu près* qui est la ruine de tout, et, en particulier, de l'art dont il est, à la fois, l'insolence et la gangrène. L'éditeur, c'est le marchand ; et le marchand, c'est l'être qui immole tout à la question de vente. Défigurer une composition sous prétexte de la simplifier, la défigurer jusqu'à la rendre non seulement méconnaissable, mais encore, je le répète, absolument indigne du nom qu'on en laisse responsable, tout est bon au marchand ; vendre, quand même. Est ce que ce n'est pas une honte qu'un nom, laborieusement acquis par toute une vie de respect pour l'art, puisse devenir l'instrument même de son propre discrédit entre les mains des charlatans qui en font un mensonge ? Comment ! vous aurez péniblement gravi les routes ardues de l'étude, vous aurez préféré aux succès faciles et éphémères les lentes et durables récompenses du recueillement, et aux eaux stagnantes et bientôt fétides de la vogue les eaux pures et intarissables de la vérité immortelle, en dépit de l'écume que lui font les obstacles du torrent ; et vous aurez conquis la palme promise à ceux qui persévèrent dans la foi—tout cela pour qu'un trafiquant vienne, un beau jour, s'emparer de votre nom, et le faire servir d'étiquette et d'enseigne aux immondices dont le commerce sera sa fortune et votre ruine ! Mais c'est de la dérision, de l'insulte, de la diffamation et du vol : et ce qui serait encore plus honteux que cette honte, ce serait de ne pas la signaler. On mérite la tyrannie dès qu'on ne cherche pas à l'abolir. Je viens de faire voir quelques unes des cotés de l'influence funeste des éditeurs sur les intérêts des auteurs et sur l'exploitation des œuvres musicales. Je vais maintenant signaler les dangers de cette influence au point de vue des lois qui régissent la propriété artistique en vertu des conventions internationales.

La sécurité de la propriété artistique est, comme celle de la propriété littéraire, assujettie à des lois spéciales. Ces lois, que les commerçants connaissent à fond, la plupart des artistes en ignorent non seulement la teneur mais même l'existence. L'artiste, tout préoccupé de son art, tout amoureux de son rêve, l'œil inondé de la clarté du monde idéal, est par ses facultés et ses tendances, l'être le moins apte et le moins enclin à la connaissance et à l'étude du monde des affaires et des intérêts matériels. Généralement simple et content de peu, l'artiste, comme le savant, n'est poussé ni par instinct, ni par intérêt, à la spéculation et au lucre. De plus, n'apercevant et ne devinant aucune relation ni commune mesure entre un produit de l'intelligence et une somme d'argent, il est l'appréciateur le plus humble et le plus timoré de la valeur commerciale de ses œuvres. Pénétré de cette pudeur discrète, de cette réserve délicate que donne et entretient le commerce des choses supérieures, il lui semble que, plus un don est gratuit de la part de Dieu, plus aussi il doit être gratuitement répandu sur les hommes. Et en effet, si l'indissoluble mélange des deux natures qui constituent l'homme ne lui imposait l'obligation de demander à son intelligence le soutien de l'existence matérielle, l'art ne subirait pas l'humiliation de se confondre avec le métier, et le sacerdoce du génie ne se verrait pas dans la nécessité de disputer son pain aux marchands d'idoles. L'artiste est donc forcé de vivre de son génie, élément divin, comme d'un simple métier de manœuvre : c'est le prêtre vivant de l'autel. Or, l'œuvre de l'artiste ne peut se produire au dehors et arriver à la publicité que par un nombre considérable d'intermédiaires, à savoir : copistes, imprimeurs, graveurs, éditeurs, directeurs, chanteurs, choristes, orchestres, agents, etc., etc. Il faudrait qu'un homme fût non seulement un monde, mais une exposition universelle, à lui tout seul, pour suffire comme tems, comme forces, comme dépenses, et comme activité à tout ce que suppose et représente la mise en évidence et en circulation d'une de ses œuvres. En outre, il lui est absolument impossible, moralement et physiquement, de suivre et de surveiller le chemin de ses œuvres, le plus ou moins de crédit commercial dont elles jouissent, toutes choses sur lesquelles il est d'autant plus facile de lui donner le change que le détail en est plus complexe et moins à la portée de sa vue et de son jugement. Il a donc fallu établir des lois, en vertu desquelles les produits de l'intelligence fûssent protégés, sauvegardés contre d'exploitation et le brigandage de tous les intermédiaires qui en préparent et en manipulent la circulation. Ces lois, on le pense bien, ont été conçues, méditées, rédigées par les commerçants, ou à leur instigation, avec cette sûreté d'instinct qui révèle à l'araignée le secret du tissu où sa victime doit inutilement se débattre. Cet ensemble de décrets, à la fois si habile et si obscur, me rappelle ces puits de sable au fond desquels, attentif et enseveli, un petit insecte attire et dévore la proie qui s'est aventurée sur le bord et a glissé dans le précipice. L'exposé seul, à plus forte raison l'examen et l'analyse de ce fatras, demanderaient des volumes. Je m'attacherai donc spécialement aux conventions qui concernent le dépôt et l'enregistrement des œuvres d'art, et je signalerai les conditions, formalités, précautions de toute sorte auxquelles ces conventions vous astreignent, sous peine de voir disparaître à tout jamais vos titres à la propriété de votre œuvre. J'espère que ce tableau, ou plutôt un coin de ce tableau sombre, suffira pour donner à réfléchir sur l'absurde et odieux réseau qui nous étreint et nous étouffe sous prétexte de nous protéger. Depuis que je réside en Angleterre, c'est-à-dire, depuis près de deux ans, il m'est tombé entre les mains plus de soixante morceaux de musique circulant sous mon nom, et qui se recommandaient par une telle vulgarité, par une telle absence des qualités les plus élémentaires d'un musicien, en un mot par une telle ineptie, qu'il m'était impossible d'y reconnaître ma plume, et, je le déclare sur l'honneur, d'en accepter la responsabilité. Je recherchai comment il avait pu se faire qu'on m'infligeât une pareille calomnie. Le voici:—Plusieurs de mes premiers ouvrages, ainsi que je l'ai raconté il y a quelque tems, furent représentés sans rencontrer d'éditeur qui voulût les acheter ou même les graver pour rien. Il est donc naturel de penser que ces œuvres, sorties du silence du cabinet et restées dans la solitude du manuscrit, devaient échapper à toute publicité et ne jamais connaître (à moins d'un revirement de fortune) les honneurs de la gravure. Eh, bien ! pas le moins du monde. Il existe, entre la France et l'Angleterre, une convention internationale et réciproque qui contient les dispositions suivantes : 1. Obligation pour l'auteur (ou ses ayant droits, délégués, agents quelconques) d'enregistrer son ouvrage et d'en déposer un exemplaire dans le lieu d'enregistrement et de dépôt désigné pour chacun des deux pays, dans un délai maximum de trois mois à partir du jour de la première publication dans l'un ou autre des deux pays, sous peine de perdre tout droit à revendiquer la propriété de son œuvre, laquelle, faute d'avoir satisfait aux conditions sus-énoncées, tombera dans le domaine public. 2. Comme annexe à la précédente disposition, la convention ajoute que "la date de la première représentation ou exécution publique d'une œuvre musicale dans l'un ou l'autre des deux pays est considérée comme celle d'une première publication," et, par conséquent, comme point de départ des trois mois constituant le délai accordé pour l'enregistrement et le dépôt. Or, le tour est bien simple à jouer ; voici comment. Je fais représenter un ouvrage au théâtre. Cet ouvrage ne trouve pas d'éditeur ; il est clair que n'étant pas publié, il ne peut pas être déposé. Mais je suppose que l'ouvrage trouve un éditeur ; il se peut que l'édition ne soit pas prête à paraître avant l'expiration des trois mois qui courent de la première représentation ou exécution publique. Dans ce cas encore, il est évident que toute la diligence que j'apporterai à déposer l'exemplaire ou les exemplaires exigés par la loi ne sauvegardera nullement mon droit de propriété, puisque le dépôt aura été effectué plus de trois mois après le jour de la représentation. Mais—dira-t-on—si vous ne pouvez pas déposer votre ouvrage, vous pouvez au moins l'enregistrer ! Pardon ; le décret ne sépare pas le dépôt de l'enregistrement, et ce manque d'explicité est une lacune d'autant plus regrettable et blâmable que les termes de première publication et de première représentation y sont confondus et identifiés. La loi est donc ici la première coupable du préjudice que me causent l'obscurité des termes dont elle se sert et l'incompatibilité des conditions qu'elle m'impose. Or, cette obscurité dont je suis victime est précisément ce qui favorise et légitime le commerce du marchand et l'impunité de la piraterie. En effet, mon œuvre étant tombée dans le domaine public, le commerçant étranger s'en empare, à la faveur et au nom de la convention internationale ; il la coupe, la rogne, la dépèce, prend une phrase par ci, une autre par là, fait faire des coutures, des sutures, se livre à toutes les orgies du carnage musical et à toutes les impudeurs de l'inexorable cupidité, et le voilà qui, sans vergogne, jette mon nom en pâture et en sauf-conduit à toutes les hideuses suggestions de son féroce intérêt de marchand ! Et me voilà, moi, endossant à l'étranger la honte musicale dont il a plu à ce trafiquant de me couvrir, en enveloppant de mon crédit les abominations avec lesquelles il le ruine ! Et la loi reste non seulement muette, mais aveugle devant ces monstruosités ! Vraiment, il faut en convenir, la cruauté le dispute ici à l'absurdité, et la justice n'eût pas mieux réussi voulant se faire la complice du brigandage. Qui donc la loi protégera-t-elle, si son imprévoyance et ses équivoques livrent sans défense à leurs bourreaux les hommes chez qui l'ignorance en matière légale est non seulement mille fois probable, et en quelque sorte rendue fatale par la nature de leurs préoccupations et le désintéressement de leurs instincts ? Ecoutez le grand Molière s'adressant au grand Colbert dans cet immortel fragment intitulé "La Gloire du Dôme du Val de Grâce !" Il parle de Mignard, le peintre célèbre :—

> " L'étude et la visite ont leurs talents à part ;
> Qui se donne à la cour se dérobe à son art !"

Et plus loin, parlant du recueillement des vrais artistes :

> " Ils ne sauraient quitter les soins de leur métier,
> Pour aller, chaque jour, fatiguer ton portier !"

Et plus loin encore :

" Et des emplois de feu demandent tout un homme !"

Voilà de la noble éloquence ! Voilà de la digne et utile fierté, le souci d'une grande âme pour la tranquillité des grands hommes ! Tant que la loi ne prendra pas par la main ces grands enfants, ces sublimes ignorants qu'on appelle les grands poëtes et les grands artistes, et ne les protégera pas, d'office, sans eux, malgré eux, contre leur propre inexpérience et contre les embûches de ceux qui rôdent autour d'eux pour les tondre et les gruger sans merci, la loi restera ce qu'elle est, non une tutrice, non une mère, mais une marâtre.

J'ai commencé à faire voir comment une œuvre, en tombant dans le domaine public par défaut, retard, ou vice quelconque de dépôt ou d'enregistrement, porte préjudice non seulement aux profits de son auteur, mais encore à l'authenticité de ses œuvres et au crédit de son nom. Je vais, aujourd'hui, appuyer cette démonstration par le récit d'une des circonstances dont mes intérêts ont eu et ont encore le plus à souffrir. Je veux parler du sort de mon opéra *Faust* en Angleterre. *Faust* est représenté à Paris, pour la première fois, le 19 Mars, 1859. Après 7 représentations, le 8 Avril, l'éditeur, M. de Choudens, devient acquéreur du dit ouvrage pour la France et la Belgique ; le 13 Juin, la partition de piano et chant est prête ; elle paraît le 14. Le 13, M. de Choudens écrit à MM. Chappell, éditeurs à Londres, et plus tard acquéreurs de la partition pour la Grande Bretagne, la lettre suivante :—
"J'ai l'avantage de vous adresser ci-joints les deux actes signés par M. Gounod. La partition de *Faust* sera enregistrée demain (14) au Ministère de l'Intérieur, à Paris. Vous pouvez donc déposer immédiatement ; et, à cet effet, je vous envoie, sous bande, deux exemplaires de la dite partition.—Signé, de Choudens." *Faust* ayant été représenté pour la première fois, en France, le 19 Mars, 1859, on voit que le délai de trois mois, accordé par la Convention Internationale Franco-Anglaise pour les dépôts et enregistrements, expirait pour la partition de *Faust* le 19 Juin, 1859, puisque la convention a sanctionné cette fatale identification entre deux circonstances si absolument

distinctes et indépendantes l'une de l'autre, à savoir la date
d'une première représentation et celle d'une première
publication ! M. de Choudens était donc en règle ; sa
publication active arrivait encore assez à temps pour
prévenir le danger. Mais M. Chappell, au lieu d'effectuer
immédiatement (selon l'expression et la recommandation
de M. de Choudens) ce dépôt qui était urgent, M. Chappell attend jusqu'au 22 Juin, et, par ce simple délai de
trois jours, me fait perdre à tout jamais mes droits
d'auteur sur les représentations de *Faust*, sur tout le territoire de la Grande Bretagne. Je ferai remarquer que,
dans le récit qu'on vient de lire, je n'accuse et n'incrimine
personne : j'expose simplement les faits tels qu'ils se sont
produits, et je signale leurs funestes et irréparables conséquences à mon préjudice—conséquences favorisées par
la loi, et dont je vais maintenant faire mesurer l'étendue
et les ramifications. En 1863, M. Mapleson, directeur du
Théâtre " Her Majesty's," vient me voir à Paris avec son
chef d'orchestre, M. Arditi, et m'informe de son désir de
faire représenter *Faust* sur son théâtre à Londres. J'ignorais alors absolument jusqu'à l'existence de droits quelconques à faire valoir sur les scènes étrangères. De son
coté, M. Mapleson se garde bien de me faire la moindre
communication ou de me donner la moindre lumière à ce
sujet : il ne me propose aucun arrangement, ne me parle
d'aucune condition, et son silence sur toutes les questions
d'intérêt me laisse naturellement dans cette ignorance
dont il y allait de son bénéfice de ne pas me tirer ou de ne
pas me voir sortir. Connaissait-il le proverbe : " Il ne
faut pas réveiller le chat qui dort ?" Quoiqu'il en soit, je
ne vis dans sa visite qu'une démarche flatteuse pour mon
œuvre, favorable à ma réputation, et, heureux de penser
que *Faust* allait traverser la Manche, j'acquiésçai, sans
plus, à la demande de M. Mapleson. De son coté aussi,
M. de Choudens (le détenteur prudent de la grande partition et des parties d'orchestre, et qui n'en avait pas livré la
gravure à la publicité), *M. de Choudens* tenait par là M.
Mapleson, et lui dictait des conditions ; conditions d'autant plus léonines peut-être que, la question de droits
d'auteurs ayant été passée sous silence, il y avait tout lieu
de penser que M. Mapleson se montrerait asser coulant
dans la somme à verser pour l'achat de la dite grande

partition, des parties d'orchestre, des parties chorales, en un mot de tout le matériel (copié ou gravé) nécessaire à l'éxécution d'une œuvre musicale dramatique. Ces deux messieurs s'arrangèrent donc entre eux, en dehors de toute intervention de ma part, bien entendu, puisque, je le répète, je n'avais aucun soupçon de mes droits, et que je considérais leurs arrangements dans cette affaire comme ne me regardant en rien. *Faust* est joué à Londres, sur le Théâtre Her Majesty's dans la saison de 1863. Succès décisif ; décisif à ce point que M. Gye, directeur de l'autre théâtre musical (Covent Garden Royal Italian Opera), n'hésite pas, et met, de son coté, mon œuvre à l'étude ; avec cette différence, toutefois, qu'il ne me fait pas, lui, l'honneur de venir me le demander, ni même la politesse de m'en informer. C'est mon éditeur, M. de Choudens, qui m'annonce que *Faust* va avoir l'honneur d'être représenté au Théâtre de Covent Garden, et que M. Gye a même engagé Mdme. Miolan Carvalho, la créatrice du rôle de Marguerite à Paris ; nouvelle satisfaction pour moi, doublée cette fois du plaisir de penser que le rôle principal allait être chanté par la cantatrice qui en avait reçu de moi la tradition première, et y avait recueilli tant de succès. Sur ces entrefaites, j'entrai en rapport avec M. Gambart, alors grand commerçant de tableaux, estampes, gravures, etc., fixé à Londres, et que j'avais eu l'occasion de rencontrer à Paris précédemment. Je me trouvais à Londres avec M. de Choudens, qui m'y accompagnait, comme je l'ai dit plus haut, ainsi que dans les nombreuses excursions qu'il me fit faire, dans . . . mon intérêt ! M. Gambart me témoigna une joie très grande, très vive, très cordiale du succès de *Faust* à Her Majesty's. " Ah çà," me dit-il, " mais *Faust* fait salle comble—c'est un succès énorme—j'espère que vous allez gagner une fortune avec cela !" " Comment," dis-je, " une fortune ? mais non : je ne gagne rien." " Comment—rien ? et vos droits d'auteur ?" " Quels droits d'auteur ? Je n'en ai pas." " Laissez moi donc tranquille—vous en avez parfaitement." " Je l'ignorais totalement ; en voici la première nouvelle." " Eh, bien, laissez moi faire ;" reprit Gambart, " je me chargerai bien volontiers de surveiller et de défendre ici vos intérêts ; laissez moi faire ; donnez moi seulement des pouvoirs, et vous verrez si *Faust* vous rapportera des droits d'auteur." M. de Choudens était présent à cette conversation : je m'aperçus qu'il paraissait triste et nerveux. Bref, je rédigeai une sorte de procuration par laquelle j'investissais M. Gambart du droit de négocier mes intérêts et d'agir, lui, homme d'affaires, en mon lieu et place à moi qui n'y entendais rien. L'époque de la première représentation de *Faust* à Covent Garden approcha. J'étais à Paris. M. de Choudens vint me voir avec M. Carvalho, qui venait de recevoir de sa femme une dépêche l'informant que M. Gambart mettait opposition à la représentation de *Faust*, que M. Gye se refusait à admettre ses réclamations, et que mon arrivée à Londres était indispensable pour mettre fin à ce différend. Cette communication me mit en face du préjudice que ma résistance pouvait causer à l'engagement de Mdme. Carvalho, aux intérêts ou du moins au desir de mes collaborateurs qu'un pareil dénouement pouvait désappointer, et aux intérêts de mon éditeur dont je compromettais ainsi les bénéfices. Je partis donc le lendemain matin pour Londres avec ces deux messieurs. M. Carvalho alla rejoindre sa femme dans la demeure qu'elle habitait, et M. de Choudens, au lieu de me conduire chez M. Gambart, qui m'avait offert l'hospitalité, préféra descendre avec moi dans un hôtel de Leicester Square, me faisant comprendre que ce serait bien plus commode pour nous deux et pour toutes nos occupations d'habiter ensemble. Je trouvai cela tout simple, et le laissai faire. Dès le lendemain matin, nous allâmes tous trois (M. Carvalho, M. de Choudens, et, moi) trouver M. Gye à son cabinet, et c'est là que, dans mon ignorance des choses légales, dans l'appréhension de perpétuer une situation qui m'apparaissait comme préjudiciable, à tant d'intérêts, je commis l'imprudence de conclure directement avec M. Gye un arrangement que je signai quelques jours plus tard, me considérant comme obligé en honneur de confirmer par ma signature ce que j'avais accepté par ma parole. C'est à cette entrevue et à cette négociation qui clora la malencontreuse Odyssée de *Faust* en Angleterre que je consacrerais les pages suivantes.

Pour bien faire comprendre le caractère de mon entrevue avec M. Gye et la portée du contrat que je fis avec lui, il est nécessaire que je donne ici une copie du traité qui fut passé entre M. de Choudens et moi pour la vente de mon opéra, *Faust*. Voici ce traité—" Entre les soussignés, M. Charles Gounod, compositeur, demeurant à Paris, rue de la Rochefoucault, No. 17, et agissant au nom de ses collaborateurs, MM. Jules Barbier et Michel Carré, d'une part, et M. Antoine de Choudens, éditeur de musique, demeurant à Paris, rue St. Honoré 265, d'autre part, a été fait ce qui suit :—M. Charles Gounod vend et cède à M. de Choudens la propriété pleine et entière, sans aucune restriction ni réserve, pour la France et la Belgique seulement, de l'ouvrage suivant dont il est l'auteur : Savoir—*Faust*, opéra en cinq actes, représenté 19 Mars dernier au Théâtre Lyrique. Cet ouvrage paraîtra dans le plus bref délai possible : 1, en morceaux de chant séparés avec accompagnement de piano ; 2, en partition, chant et piano ; 3, en partition grand orchestre ; 4, en parties d'orchestre. La partition orchestre ainsi que les parties d'orchestre devront être publiées pour le premier Septembre prochain. En conséquence, M. de Choudens est subrogé dans tous les droits de l'auteur, et aura le droit, à l'exclusion de tout autre, d'éditer, publier, graver, imprimer, et vendre le dit ouvrage dans telle forme et telle publication que ce soit, pendant toute la durée du privilège accordé ou à accorder à l'auteur ou à sa famille par les lois présentes et futures de tous pays. M. de Choudens aura également le droit de publier tout arrangement de cet ouvrage pour quelque instrument que ce soit. Le prix de cette vente et cession est fixé à la somme de dix mille francs, payable comme ci-après :

|  | FR. |
|---|---|
| " 1. Espèces, et dont quittance, trois mille francs, ci | 3,000 |
| " 2. Le trente mai prochain, mille francs, ci .. .. | 1,000 |
| " 3. Après la cinquantième représentation de *Faust* au Théâtre Lyrique, une somme de quatre mille francs, payable à trois, quatre, cinq, et six mois de date de la dite représentation, ci .. .. | 4,000 |
| " 4. Deux mille francs, payables en cinq primes de quatre cents francs chacune, pour les cinq premières villes qui monteront *Faust* tant en France qu'en Belgique ; ces payements auront lieu en espèces, immédiatement après chaque première représentation, ci .. .. .. .. .. | 2,000 |
| " Total .. .. .. .. .. | 10,000 |

Fait double et de bonne foi à Paris, le huit avril, mil huit cent cinquante neuf.—Signé, Ch. Gounod; de Choudens." Dans ce traité, on le voit, il n'est fait nulle mention de l'Angleterre ni d'aucun pays étranger. Il n'y est question que de "la France et la Belgique seulement," auxquelles la propriété de M. de Choudens est formellement limitée. Il suit de là que, si la cession faite à M. de Choudens pour France et Belgique *seulement*, implique le droit exclusif de celui-ci à vendre la partition d'orchestre et les parties séparées dans ces deux pays, M. Chappell, acquéreur de la dite partition de *Faust* pour la Grande Bretagne, devait avoir le droit exclusif de vendre la partition d'orchestre et les parties séparées dans toute l'étendue de la Grande Bretagne. Or, c'est à M. de Choudens que M. Gye les a achetées ainsi que l'avait fait M. Mapleson. On va maintenant comprendre aisément la suite de mon récit et dans quel labyrinthe j'ai depuis dix ans à me retourner, pour avoir donné, je n'ai pas le droit de dire dans des pièges, mais dans des complications de droits et d'intérêts dont je n'avais pas la première notion. J'arrive dans le cabinet de M. Gye, et je fais valoir mes prétentions à une rétribution quelconque, comme droits d'auteurs pour mes collaborateurs et pour moi. M. Gye semble fort surpris de mes réclamations, et, s'adressant à M. de Choudens, "J'avais tout à fait compris," lui dit-il, "qu'en payant pour la musique de *Faust* la somme considérable que je vous ai payée, j'achetais en même tems le droit de représenter l'ouvrage : car à quoi m'eût servi, sans cela, de me procurer la musique?" Là dessus, dénégation (assez timide à ce qu'il m'a paru) de M. de Choudens qui, néanmoins, fait contenance et proteste en disant: "Mais pardon, M. Gye, pardon, vous faites erreur ; le matériel que je vous ai fourni et vendu n'a rien à faire avec les droits d'auteur de M. Gounod et de ses collaborateurs : ce sont deux choses tout à fait distinctes." Et M. Gye paraissait ne pas entendre de cette oreille là ! Toutefois, après un assez long débat où je maintins, en mon nom et au nom de mes collaborateurs, ma résolution de ne pas laisser jouer *Faust* sans recevoir une indemnité quelconque, M. Gye finit par se rendre, et il ne fut plus question que de fixer la somme. Je demandai, pour une période de 28 ans de privilège exclusif dans toute la Grande Bretagne (sauf le consentement donné antérieurement à M. Mapleson pour le Théâtre de Her Majesty), une somme de 800 livres (20,000 francs) pour mes collaborateurs et moi. C'était environ 700 francs par an ; on conviendra que mes prétensions étaient bien humbles. M. Gye les trouva néanmoins inacceptables, et les réduisit à 600 livres (15,000 francs) c'est-à-dire 7,500 francs pour mes collaborateurs et autant pour moi, en retour de l'exploitation de *Faust* pour 28 ans. J'ajoute, pour donner la mesure complète de générosité de M. Gye, que chaque soirée de son théâtre lui rapporte, en moyenne, environ 25,000 francs. Mais ce n'est pas là le point important ; le voici. Comment se fait-il que M. Gye (qui avait tout intérêt à savoir à quoi s'en tenir sur son droit de jouer *Faust*) n'ait pas connu en 1863 une irrégularité d'enregistrement commise en 1859, et qui, lui créant une liberté absolue à la faveur du domaine public, le mettait à même de me dire : " Mais, monsieur, je ne vous dois rien pour le droit de représenter votre ouvrage ; il n'a pas été enregistré à temps ? " Je dis que le nœud de la question est là ; voilà le point à éclaircir. Je vais en donner l'explication dont la clef ne m'a été révélée que par une découverte que je fis l'année dernière. Mon ami, M. Weldon, chez qui je démeure, se trouvant un jour au Garrick Club, dont M. Gye est, ainsi que lui, un des membres, y apprit que M. Gye m'accusait de retenir injustement un argent qui lui appartenait, et prétendait que " si je n'étais pas en prison je le devais à sa charité." M. Weldon devint tout anxieux ; je remarquai sa gêne, sa contrainte ; j'en causai avec Mme. Weldon qui m'en donna l'explication. A l'instant même nous allâmes sur sa proposition à Stationers' Hall, où se trouvent les archives des dépôts et enregistrements, et nous vérifiâmes la date de l'enregistrement de *Faust* qui était, en effet, de 3 jours en retard. Je fus stupéfait de cette révélation, et je renvoyai immédiatement à M. Gye ma part du payement reçu dix ans avant—c'est-à-dire 7,500 francs. Mais cela n'explique pas le silence de M. Gye en 1863 au sujet de ce retard d'enregistrement, qui, je le répète, le mettait parfaitement à son aise pour couper court à ma demande au sujet des droits d'auteur. Or, sur ce même registre sur lequel j'avais constaté le retard de trois jours concernant le dépôt et enregistrement de *Faust* en Juin,

1859, se trouve un autre enregistrement effectué en Avril, 1861 ; c'est celui de *Faust* avec la traduction Italienne, lequel est inscrit au registre avec le nom de M. de Choudens au lieu du mien comme propriétaire du droit d'auteur. Quelle a pu être la cause de cette rédaction étrange ? Voilà le mystère dans l'ignorance duquel j'ai vécu dix ans, mais dont la seule existence suffit à démontrer qu'il s'est passé en tout ceci des choses qui ne sont pas claires, et que, dans tous les cas, M. Gye, en disant devant M. de Choudens qu'il avait cru, en achetant la musique de *Faust*, payer aussi les droits d'auteurs, faisait peut-être allusion à ce second enregistrement (celui de *Faust* avec traduction Italienne), où le nom de M. de Choudens figurait comme propriétaire du droit d'auteur ; et il est très probable qu'une discussion sur ce point eût amené des éclaircissements qui auraient fortement embarrassé M. de Choudens et M. Gye et M. Mapleson et M. Chappell, le dépositaire tardif de *Faust*. Malheureusement, mes conventions avec M. Gye coupèrent court à cet incident, et eurent, de plus, le fatal résultat d'abroger la procuration dont j'avais muni M. Gambart, et qui devenait inutile après mes transactions directes avec M. Gye. Ainsi se conclut cette déplorable affaire, dans laquelle la perte des auteurs peut s'évaluer à 10,000 livres (250,000 francs) au moins, pour les 28 ans d'exploitation sur les seuls deux théatres de Covent Garden et de Her Majesty ; en effet, *Faust* étant joué en moyenne 15 fois par saison sur les deux théatres il en resulte que, si les droits des auteurs étaient égaux à ceux du Grand Opéra de Paris, ils donneraient, par an, une somme de 7,500 francs. Un dernier mot sur l'attitude de M. de Choudens envers moi dans toute cette affaire. Je revenais avec lui de Londres à Paris, après la première représentation de *Faust* au théâtre de M. Mapleson, alors que M. Gye, de son coté se préparait à le donner au théâtre de Covent Garden. Nous nous promenions, M. de Choudens et moi, dans la gare de Calais, en attendant le départ du train pour Paris. Nous causions du procédé de M. Mapleson qui se faisait prier pour reconnaître des droits aux auteurs, et j'exprimais à M. de Choudens la crainte (hélas ! trop fondée) que M. Gye n'en fît autant. "Ecoutez," me dit M. de Choudens, "j'ai fait, avec la vente de *Faust* aux deux théâtres, d'assez jolis petits bénéfices ; si ces deux c—— là ne vous donnent rien, hé bien, nous partagerons mes bénéfices entre nous deux." "Mais," lui dis je, "quel droit ai je donc à me trouver sur le chemin de *vos* affaires ? Est ce que j'ai un sou à prétendre sur *vos* bénéfices ?" . . . Hélas ! je ne refléchissais pas que ce qu'il m'offrait était si bien à moi ! . . . . . . . Et maintenant, de quelle bourse ont pu sortir les 15,000 francs que Mr. Gye avait fini par se décider à payer ?

"Felix qui potuit rerum cognoscere causas !"

C'est un espoir auquel je ne renonce pas.

URGENCE D'UN CONGRÈS ARTISTIQUE INTERNATIONAL.

Le grand malheur des artistes et leur grande faute, c'est de vivre isolés, de se désintéresser les uns des autres. La cause commune leur est à peu près indifférente ; ils ne sont pas unis, et l'union seule fait la force. Les hommes politiques, les savants, les membres du clergé ont des réunions dans lesquelles s'agitent les questions qui intéressent le monde : la charité a ses conférences de toute sorte, nombreux canaux par lesquels la bienfaisance de chacun se déverse sur la misère de tous et se distribue en assistance particulière et spéciale : en un mot, le cœur de l'humanité a ses artères et ses veines par lesquelles le sang circule dans le corps social. Pourquoi les artistes ne font-ils pas de même ? Pourquoi ne fondent-ils pas des sortes de conciles généraux, des congrès au sein desquels se discuteraient périodiquement les questions qui les touchent, et les réformes qui peuvent et doivent améliorer leur sort en protégeant leurs intérêts ? Est ce donc si difficile ? Non ; c'est, au contraire, infiniment simple. Ce qui complique l'organisation des congrès c'est leur rareté, c'est leur coté accidentel : il ne faut, pour les rendre faciles, que les rendre réguliers : au lieu d'être des exceptions, il faut qu'ils soient une fondation. Nous avons pour exemples et pour modèles faciles à imiter, ces vastes réunions que l'on nomme des festivals, qui se reproduisent à des époques fixes, et qui sont si populaires en Allemagne et en Angleterre, tels que ceux de del Dusseldorf, Cologne, Bonn, Birmingham, Gloucester, Hereford, Norwich, &c. Eh bien, je le demande, y aurait-t-il rien de plus simple que de rattacher à ces solennités régulières les séances d'un Grand Congrès International, permanent comme institution ? Les festivals durent plusieurs jours (généralement deux ou trois); ce sont des espèces de jubilés artistiques où les œuvres des grands maîtres sont produites avec un apparat, une pompe, une majesté qui honorent d'une sorte de culte spécial la majesté de leur génie. Goëthe, Schiller, Beethoven, Handel, Mendelssohn, sont comme les Pères de l'Eglise de cette haute et imposante tradition du Beau. Quoi de plus digne que de consacrer une part de ces grandes solennités aux intérêts de ceux qui, à la suite des nobles génies, se dévouent tout entiers au service des arts et de la littérature ? Pourquoi ne préluderait on pas aux séances de plaisir et de fête par des séances d'utilité et l'élaboration des réformes artistiques ? Les dispositions ne seraient pas plus longues à prendre, ni les préparatifs plus embarrassants ni guères plus couteux. On consacrerait une semaine dont trois jours seraient dévolus aux travaux du congrès, et trois aux fêtes musicales ; et le bonheur d'entendre de belles œuvres serait centuplé par la joie d'en avoir protégé les auteurs et préparé l'éclosion dans l'avenir. Lorsqu'un artiste produit une œuvre, il n'a généralement pas (à moins d'être instruit par de rudes expériences), la moindre idée du trafic de toutes sortes dont son ouvrage va être le sujet. Dans le commerce musical cela prend des proportions inouïes. Je ne reviendrai pas sur ce que j'ai dit, plus haut, à propos des falsifications ou adaptations musicales qui ont, depuis dix ou douze ans, circulé dans Londres et en Angleterre sous mon nom, et s'y sont vendues, au profit exclusif des éditeurs et des chanteurs, avec une profusion et une effronterie telles que j'ai vu, chez l'éditeur Metzler\*, non seulement plus de 20 de ces compositions bâtardes, mais jusqu'à des 30 éditions de plusieurs d'entre elles. Je veux maintenant faire bien comprendre, par les détails, à combien de grossièretés l'exploitation musicale livre les ouvrages des compositeurs, et quel discrédit en peut rejaillir sur l'autorité de leur nom. Je passe devant le magasin d'un marchand de musique, et je vois, exposée à sa vitrine, une œuvre nouvelle signée d'un des noms qui se recommandent par la réputation acquise. J'entre, et,

---

\* Et qui continue à les vendre à l'heure qu'il est : Juillet, 1875.—G. W.

de confiance, j'achète le morceau. Revenu chez moi, je le lis ; amère déception ! Je ne retrouve rien de l'auteur ; plus de construction, des phrases écourtées, des transitions heurtées, des tournures vulgaires, des harmonies plates, des mélodies sans rapport avec le texte, des accompagnements d'une pauvreté miserable, la banalité d'un bout à l'autre. " Comment un tel morceau a-t-il pu sortir de la main d'un tel auteur ? Mais il ne fait plus rien de bon— il est fini—c'est une ganache : voyez les dernières choses qui ont paru de lui ?—c'est honteux ! " Et, là dessus, voilà le nom qui est terni, la réputation atteinte, le public éloigné, et les journaux qui entonnent à l'envi l'oraison funèbre du malheureux artiste, et déplorent, d'un ton paterne, " les mièvreries câlines et efféminées " auxquelles sa plume s'abandonne ; et cela, au moment où, peut-être, cet homme est plus épris que jamais des hauteurs de son art et se prépare un nom plus grand que celui qu'il s'est fait ! Ne sait-on pas que, quand Beethoven, se promenait, soucieux et infirme, absorbé dans la méditation profonde d'où devait sortir un jour la " Neuvième Symphonie," ses contemporains se le montraient, en ricanant de ce rire particulier dans lequel semble avoir été pris le supplice des grands hommes : " voilà le vieux fou qui passe ! " Ne sait-on pas que le système de vulgarisation diffame d'autant plus l'artiste qu'il s'est élevé plus haut dans son art ? La pensée musicale d'un auteur peut être altérée, défigurée de mille manières, et dénaturée jusqu'à devenir parfois méconnaissable. Je vais en donner quelques exemples. (1). On altère la mélodie ; soit par addition ou suppression d'une certaine quantité de notes (ce qui dénature le rhythme) ; soit par addition ou suppression d'un certain nombre de mesures ou même de tout un membre de phrase (ce qui est une atteinte plus manifeste encore au texte original). (2). On supprime les harmonies dont l'auteur a revêtu ses mélodies, et on les remplace, sous prétexte de simplification, par des accords d'une platitude plus " favorable à la vente " (argument que j'ai vu soutenir le plus sérieusement du monde) ; on fait de même pour les accompagnements, lorsqu'ils présentent l'ombre d'une difficulté pour la force des amateurs : de sorte que c'est le compositeur qui endosse toutes les vulgarités auxquelles il passe sa vie à se soustraire, et à l'aide desquelles l'on fait à sa musique l'honneur de la mettre à la portée des gens qui ne savent rien et jugent de tout. (3). Un morceau est empreint d'un certain caractère, d'une certaine couleur, suggérés par le sens des paroles : mais, peu importe ; on a besoin d'un cantique pour les pensionnats, ou d'un nocturne doux et facile pour les commençants : et aussitôt, voici le tailleur de vers à la besogne, fabriquant, sur votre mélodie, des mots quelconques, parfois totalement étrangers au sujet, et dont le sens est souvent dans un désaccord flagrant et absurde avec la musique : et voilà le compositeur affublé Dieu sait comme ! Mais le pensionnat est servi. Voilà pour les morceaux de dimension modérée. C'est bien pis encore pour des œuvres plus importantes. Un éditeur achète un opéra. Avant toute chose, il a bien soin de se réserver le droit de le détruire et de s'en assurer les moyens. L'acte de vente est rédigé de telle sorte que votre œuvre va devenir le fumier qui engraissera les terres de votre éditeur : c'est une condition " sine quâ non." On arrangera un quatuor pour une voix seule : on fera des coupures à l'usage des théâtres qui manquent du personnel nécessaire ou d'une mise en scène suffisante : on réduira l'ouverture de votre opéra pour deux flûtes ou deux cornets-à-piston : on charcutera une invocation, une prière, une cantilène, un final, pour en faire de petits coupons de huit mesures que l'on jettera pêle-mêle dans la confection d'une valse, d'un quadrille, ou d'une polka. J'ai entendu, moi, entendu de mes deux oreilles, dans un grand bal donné à l'un des Ministères à Paris, un quadrille sur des motifs de la *Flûte Enchantée* de Mozart, et les sublimes adagios du Grand Prêtre d'Osiris y étaient indécemment bafoués sous le rhythme vulgaire d'un Pantalon ou d'un Galop. Voilà ce que le commerce musical peut faire et fait tous les jours, et avec quoi il empoisonne le public, l'art, le nom des artistes, le goût des amateurs, les églises, les salons, les écoles, les pensionnats, les couvents, la ville, et la province. On conviendra que c'est une épidémie, et qu'il serait tems de désinfecter la profession.

Aussi long temps que les lois ou conventions internationales sur la propriété artistique ne seront pas refondues et sanctionnées par l'accord des différentes puissances du monde civilisé, la propriété artistique sera confisquée par l'éditeur. Cela est fatal, et peut être prouvé jusqu'à l'évidence. Pour mettre cette thèse à l'abri de toute inculpation de personnalité, soit directe soit implicite, je commencerai par admettre l'hypothèse de l'intégrité et de l'honorabilité de tous les éditeurs. On conviendra que je fais la part aussi belle que possible au parti que je combats ; et je dis : " L'état de choses actuel suffit pour créer à l'éditeur une tentation constante de friponnerie, et, en tout cas, une situation oppressive vis-à vis de l'auteur, et, par conséquent, injuste." En effet, un grand nombre de pays se trouvant libres, les uns vis-à-vis des autres, de toute convention internationale, chacun de ces pays peut impunément s'approprier la reproduction, traduction, représentation, exploitation, sous une forme quelconque, de toute œuvre publiée, jouée, exécutée dans tel ou tel des autres pays. Pour parer à ce préjudice (le plus souvent ignoré des auteurs que n'a pas encore mûris l'experience, et que nulle érudition en matière légale ne met à l'abri de la fraude), que fait l'éditeur ? Une chose très simple et horrible que voici. Il rédige et signe en double avec l'auteur un traité en vertu duquel vous lui cédez pour tous pays la propriété pleine et entière et exclusive de votre œuvre : un opéra, par exemple. Il publie votre partition réduite pour piano et chant. Cette publication est protégée ou non par des conventions internationales ; en tout cas elle ne peut suffire, en aucun pays, à la représentation dramatique de votre œuvre ; il faut une partition d'orchestre, et, de toute nécessité, les parties séparées, celles sur lesquelles jouent les musiciens de l'orchestre. Or, tout ce matériel, sans lequel la représentation est impossible, l'éditeur se garde bien de l'exposer à la piraterie étrangère ; et, comme il en est le détenteur inviolable, le receleur unique et exclusif, il le vend directement à qui il lui plaît, et au prix qui lui convient. Il résulte de là que l'éditeur vend, du même coup, une denrée qui lui appartient matériellement et un moyen de représenter sur le théâtre, ce qui ne lui appartient à aucun titre, et dont il bénéficie néanmoins par la vente d'un matériel dont rien ne revient à l'auteur, et par toutes les conditions qu'il impose au théâtre acquéreur avant de livrer sa marchandise. Cette situation de l'éditeur n'équivaut donc à rien moins qu'à une confiscation impunie et illimitée des droits d'auteur.

On me dira que, dans ce cas, un auteur peut demander à voir l'acte de vente, et contrôler les livres et les opérations de l'éditeur : c'est une mauvaise plaisanterie. D'abord qui ne sait que les registres d'un marchand peuvent toujours être des boîtes à double fond, des cavernes mystérieuses, des souterrains obscurs dont lui seul possède les secrets, et qu'il peut toujours ne vous montrer que ce qu'il veut ? Ensuite où sont les artistes qui auront le temps, l'idée, et l'instinct de se faire les espions de leur éditeur, et d'asseoir sur un système de méfiance et de vigilance, sans repos ni trêve, des relations qui troublent et empoisonnent la tranquillité dont ils ont besoin et l'abandon auquel les porte leur nature ? Est-ce que ce n'est pas l'affaire de la loi et non la leur ? Et que feront-ils si la loi n'a pas étudié ni prévu ni prévenu les mille moyens que l'on a de les tromper et de les voler ? D'ailleurs, en supposant même que l'auteur soit loyalement informé du prix de vente, ce prix n'en représente pas moins une transaction cédant un droit qui n'appartient pas à l'éditeur— c'est-à-dire le droit de représentation. Voilà la situation vis-à-vis des pays qui n'ont pas, entre eux, de conventions réciproques. Mais supposons qu'il s'agisse de pays où ces conventions existent. Voici ce qui va ou peut arriver. L'éditeur Français achète une œuvre d'un compositeur Français : il s'assure, je suppose, la propriété de publication pour la France. Les droits d'auteurs sont garantis par les lois. Jusques là tout va bien. L'éditeur vend les parties d'orchestre, c'est son droit, et cette vente n'affecte en rien les bénéfices dramatiques de l'auteur. Mais voilà que l'éditeur fort honnête homme et ignorant les obligations imposées à l'auteur pour préserver sa propriété à l'étranger, néglige de remplir, en temps voulu, les formalités de dépôt et d'enregistrement qui protégeraient l'auteur. Dans ce cas, ce n'est plus la propriété de l'éditeur qui est en péril, car je le suppose n'ayant acheté que pour la France, c'est la propriété de l'auteur seule qui est atteinte : car on peut lui prendre, à l'étranger, l'œuvre qu'il n'y a pas vendue, et le préjudice encouru dans le domaine de la simple publication rejaillit sur le domaine de la représentation ; ce qui réduit l'auteur à refuser la représentation de son œuvre, ou à la laisser représenter gratuitement, auquel cas l'éditeur vend encore tout le matériel nécessaire, et pour le prix qu'il lui plaît d'en demander. Donc, en ce cas également, perte pour l'auteur et gain pour l'éditeur. De plus, comme l'éditeur peut toujours alléguer que ce n'était pas son affaire de sauvegarder la propriété de l'auteur à l'étranger, mais que ce soin regardait lui-même, voilà le pauvre auteur dépouillé même de la propriété de sa partition de piano et chant à l'étranger, en vertu des lois. Autre combinaison. Un auteur Français habite l'Angleterre ; il a un éditeur en France. Il publie un morceau en Angleterre, et remplit les formalités d'enregistrement dans tous les pays liés avec l'Angleterre par des conventions réciproques. Il adresse à son éditeur Français une épreuve de son morceau, en le priant de faire graver de suite en France, afin de remplir (dans le délai des trois mois prescrit par les conventions) les formalités d'enregistrement vis-à-vis de tous les pays liés par des conventions avec la France. L'éditeur est absent, ou malade, ou répond qu'il a enregistré ou que du moins il enregistrera en temps voulu. Seulement, au lieu de faire graver en France, il trouve plus court, plus commode, et moins dispendieux d'écrire à l'éditeur Anglais, et de se faire envoyer par lui le nombre d'exemplaires dont il a besoin pour la sécurité de la propriété Française à l'étranger. L'auteur n'en entend plus parler : le délai expire, et tout à coup arrive de l'étranger un avis informant l'auteur que son enregistrement est défectueux, attendu qu'il a fait enregistrer en France et à l'étranger, comme publication Française, des épreuves Anglaises. L'éditeur Français a ignoré que la nationalité de la publication repose non pas sur l'auteur mais sur l'éditeur, et l'enregistrement est nul : l'œuvre est à tout jamais perdue pour l'auteur. A qui s'en prendre ? Fera-t-il un procès à l'éditeur honnête qui a cru sincèrement protéger les intérêts de l'auteur ? Assurément non. Le morceau est guetté par toutes les grandes maisons musicales qui ont l'œil incessamment ouvert sur tout ce qui tombe dans le domaine public, et font fortune tandis que l'auteur perd le fruit de son travail et de son talent. Supposons que l'œuvre ainsi perdu soit un opéra. La vente de l'orchestre, dira-t-on, est toujours là pour protéger les droits de l'auteur. Eh bien, non. Un entrepreneur de théâtre va prendre la partition de piano et chant et la faire orchestrer par le premier musicien venu, ou bien il se procurera, par un subterfuge quelconque une partition d'orchestre ou la collection des parties d'orchestre, et fera jouer l'ouvrage sans demander permission à personne ni payer un sou à qui que ce soit. Voilà ce qui peut arriver, et voilà ce qui m'est arrivé à moi-même pour mon opéra, *Roméo et Juliette*, en Amérique, où il a été joué sans que la partition d'orchestre ni les parties d'orchestre en aient été achetées à l'éditeur de mon œuvre. La même chose s'est passé à Londres pour l'opéra d'Auber, *L'Enfant Prodigue*, dont feu M. Harris, régisseur du Théâtre de Covent Garden, m'a dit, lui-même qu'on s'était frauduleusement procuré la partition par l'intermédiaire de Varsovie. Eh bien, la main sur la conscience, tout légal que cela puisse être, est-ce que ce n'est pas là, bel et bien, du brigandage?

J'appartiens comme auteur dramatique, à la Société des Auteurs et Compositeurs Dramatiques de France, mais cette société dont les statuts me lient et me protègent sur le territoire Français, ne me protège nullement à l'étranger. Elle n'a pas d'affiliation avec les autres pays, elle n'est pas basée sur un principe de solidarité internationale, qui seul peut protéger les représentants d'une langue aussi universelle aussi cosmopolite que l'est la musique. Comment en effet prouver qu'un éditeur ne vous a pas joué un tour et s'est réellement trompé sincèrement, quand on ne peut pas prouver qu'il y ait fait un bénéfice? Et comment prouver qu'il n'y a pas une entente préalable entre les éditeurs pour être à l'abri des réclamations et des poursuites de l'auteur?

Autre calcul. Un éditeur est propriétaire de la partition d'orchestre d'un opéra pour la France; l'ouvrage est un succès à Paris; la province s'en empare. Les Directeurs de théâtre s'adressent à l'éditeur, et lui demandent de leur fournir toute la gravure ou copie de musique nécessaire à la représentation de l'œuvre. Vous imaginez que l'éditeur va simplement vendre ce qu'on desire lui acheter. Pas le moins du monde. Il répond—"Je vous fournirai l'ouvrage que vous me demandez, à condition que vous acheterez aussi *La Clef des Champs* (de M. Bridolin, jeune compositeur de beaucoup d'avenir), et *Les Confitures de Prunes* (de M. Lingénu, ex-pensionnaire de l'Académie de France à Rome), et que vous jouerez ces trois ouvrages dans le courant de l'année. Ce sont les Fourches Caudines; mais le directeur a besoin d'un succès, il se resigne. L'éditeur lui fait une facture de 10,000 francs pour les trois ouvrages, et rien ne prouve que le directeur ait payé un liard de trop pour la partition qu'il desirait acheter. Que diriez vous d'un pâtissier qui refuserait de vous vendre une tarte parce que vous n'acheteriez pas en même temps, deux petits-fours ? Encore un exemple. Un auteur vend son ouvrage à un éditeur pour la France seulement ; le traité ne fait pas mention de l'orchestre ; un beau jour des éditeurs étrangers se présentent pour acheter la dite partition pour d'autres pays. L'éditeur Anglais offre 2,000 francs ; l'éditeur Allemand en offre 1,000. "Vendez," dit l'auteur qui n'est pas riche, et voilà qui est fait. Dix ans plus tard, l'auteur apprend que tandis qu'il a reçu de l'éditeur Anglais la modeste somme de 2,000 francs pour la composition, l'éditeur Français a touché l'humble bénéfice de 10,000 francs pour la fourniture d'orchestre qui ne lui appartenait pas. Que faire ? L'auteur, il est vrai, n'a vendu que ce qu'il a cru vendre, il ne peut donc pas prouver qu'il a été volé ; mais que pensez vous de l'éditeur qui a ainsi exploité une lacune de son traité ? J'aurais mille inconvénients de cette espéce à passer en revue ceux que je viens de relever suffisent amplement à ma these.

J'ajouterai seulement un mot sur les musiciens pauvres et inconnus qui, pour gagner leur pain de chaque jour, sont réduits à commettre de véritables crimes musicaux à l'aide desquels leurs Méphistophèliens tentateurs les éditeurs dupent le public et remplissent leurs propres poches ; quelque pauvre diable doit avoir été payé je suppose pour la confection des morceaux falsifiés, qui ont circulé par toute l'Angleterre avec le nom Ch. Gounod. Ont ils été payés pour l'ensemble de cette besogne ou morceau par morceau ? Je l'ignore n'ayant jamais rien appris à ce sujet ; mais je tiens pour accordé que, quelque soit le pauvre musicien qui ait été obligé de consommer le délit, il l'aura fait sous la pression de la faim à contre-cœur et avec une conscience quelque peu mal à l'aise. J'ai appris recemment comme un fait certain, que le chef d'orchestre actuel d'un des théâtres de Londres était à la solde d'un éditeur. L'éditeur lui demanda d'écrire une fantasia pour servir d'introduction à l'opéra de Bellini *Les Puritains*, pour lequel Bellini n'a pas composé d'ouverture.

L'éditeur voyant qu'il y avait demande pour une publication de ce genre, risqua la folle dépense d'une guinée pour la composition d'une introduction aux *Puritains*. Quand les gravures furent envoyées au compositeur pour être corrigées, il remarqua, à sa grande surprise, que sur la page titre de chaque partie d'orchestre étaient imprimées ces mots "ouvrage inédit—*I Puritani*, Bellini." L'auteur rétablit les mots qu'il avait écrit précedemment, "Fantasia d'introduction, sur les Airs des Puritains," arrangée par .. . . (son nom). Il est de fait qu'il avait convenu de faire ce travail pour une guinée, mais en même temps, il avait été stipulé que ce travail porterait son nom gravé sur tous les exemplaires, la présence de son nom comme "arrangeur" étant pour lui bénéfice d'une annonce. Non seulement donc par cette suppression le public allait être trompé en croyant entendre une véritable ouverture de Bellini découverte et publié récemment, mais le pauvre musicien se trouvait déçu dans l'espoir et la chance d'ajouter quelque relief à son nom. La fantaisie parut néanmoins en dépit de ses protestations sous le titre définitif d'ouverture *I Puritani*, Bellini, son nom à lui étant entièrement supprimé.

Les musiciens écrasés de travail et obligés de pondre en quelque sorte pour défrayer chaque nouveau Festival, ont souvent recours, parait il, à des aides pour l'orchestration de leurs œuvres, et pour les moins fortunés de ces aides, la rémunération est bien maigre. La réorchestration complète d'une partition que je connais, et que l'on a fait réinstrumenter pour éviter la dépense de la partition originale et des droits d'auteur a été payée dernièrement £20 peut-être 1,000 pages de partition. Je connais un poëte traducteur de premier ordre qui a reçu £4 pour la traduction d'un grand opéra en cinq actes. Son travail n'était pas la perfection, mais les critiques n'y voyait que du feu, le public pas davantage et quant à l'éditeur il retira de la speculation plus qu'elle ne lui avait couté.

Pour nous compositeurs qui sont assez heureux, pour n'être pas obligés de dévorer de semblables humiliations, mais qui voyons nos ouvrages dépréciés commes ils le sont, tachons du moins de nous consoler par la pensée qu'il y a tout un peuple de pauvres musiciens (peut-être des musiciens de talent) qui vivent de la misérable somme que leur paye un riche et tout puissant éditeur pour être les "arrangeurs" de telle ou telle œuvre qui nous est familière sous sa forme originale et dans sa beauté native.

La première mesure à prendre, celle qui doit servir de base à toutes les réformes partielles, c'est l'abolition, dans tous les pays, du droit que possède tout *éditeur* de *publier* et de *vendre* les œuvres d'art tombées dans le *domaine public*. Le domaine public est une *abstraction*, à la faveur de laquelle les éditeurs opèrent une *soustraction* au préjudice des auteurs, et une *multiplication* au profit du marchand. Le domaine public n'est donc pas autre chose que la propriété des éditeurs. Il faut en faire " La Propriété Nationale."

Les gouvernements devront fonder des imprimeries nationales, dans le but de vendre, au profit du genre humain, les chefs-d'œuvre des artistes dont tout parent ou héritier a disparu, et qui n'appartiennent plus à personne. Ces œuvres, ainsi adoptées par l'Etat comme le sont les musées et les bibliothèques, seraient vendues au public par l'Etat lui-même, et le profit en serait destiné à fonder et perpétuer de grands établissements d'asile et d'enseignement pour la grande famille des artistes pauvres. Si l'on retrouvait quelque trace des descendants directes de quelqu'un de nos grands maîtres, les revenus devraient être distribués entre eux et la nation des artistes.

On ignore comment parviennent à des fortunes colossales les éditeurs de musique qui publient les anciennes œuvres des maîtres. D'abord ils en reçoivent, à eux seuls, tous les bénéfices ; et, si l'on compare la dépense minime que représente la gravure de ces œuvres aux sommes immenses qu'elles rapportent, on verra que les frais sont nuls auprès des recettes ; le débit de quelques centaines d'exemplaires suffit pour que la dépense se réduise à celle du papier, qui, répandue sur des milliers d'exemplaires, disparaît à son tour dans la proportion prodigieuse des gains. En second lieu, cette spéculation leur permet de vendre les œuvres des maîtres pour un prix d'une extrême modicité. Cela est assurément un bien en soi-même : mais il en résulte que le public murmure d'être obligé de payer pour une simple chanson (parfois très médiocre) plus cher qu'un oratorio de Bach ou de Händel. L'explication de cette apparente anomalie est très simple. Le public ne se doute pas de l'énorme organisation de réclames et d'annonces que fournissent à l'éditeur ces publications à bon marché. Un des axiômes du commerce, c'est que le marchand doit, le moins possible, se faire concurrence à lui-même en *poussant* plus d'une nouveauté à la fois : il doit, autant que faire se peut, concentrer l'intérêt de l'acheteur sur une œuvre unique, ou, du moins, prédominante : puis, quand la vente s'est ralentie, il fait de même pour une autre œuvre. (L'exploitation d'un théâtre repose sur un principe analogue qui consiste à " garder une pièce sur l'affiche tant qu'elle continue à faire de l'argent.") Toutes les réformes partielles que je me propose d'indiquer dans les réflexions qui vont suivre, supposent et impliquent, comme principe fondamental, cette première grande réforme, " L'abolition du Domaine Public."

La fondation des " Bibliothèques Nationales " substituées au régime actuel du " Domaine Public " confèrerait à l'art et aux artistes des avantages et des bienfaits innombrables. Outre les œuvres des anciens maîtres, ces Bibliothèques seraient en mesure d'acheter et de fournir, au plus bas prix possible, les belles œuvres modernes des maîtres contemporains dont l'acquisition est, la plupart du tems, très coûteuse même aux gens aisés, et impossible à la bourse génèralement assez maigre des compositeurs qui auraient le plus besoin d'y puiser la connaissance du développement progressif de *leur* art.

Une autre réforme non moins importante à opérer est celle qui concerne les " Lois d'enregistrement." La " Stationers' Hall Company " à Londres impose un tarif de 5 shillings (plus de 6 francs) pour l'enregistrement de la moindre chanson publiée dans le Royaume-Uni de la Grande Bretagne. On peut affirmer, sans crainte d'erreur, que pas une publication sur cent n'est enregistrée à Stationers' Hall : et, si l'on insistait sur l'application rigoureuse de cette mesure en Angleterre, une foule de pitoyables compositions ne verraient pas le jour ; les 5 shillings imposés suffiraient grandement à entretenir un département spécial à cet effet, au lieu de tomber, sans surveillance ni contrôle, dans la poche du premier venu.

Le département spécial affecté à l'enregistrement devrait s'entrer dans l'administration générale de la dite " Bibliothèque Nationale." Tout éditeur serait tenu d'opérer l'enregistrement de sa *publication* dans un délai de tant à partir du jour de la dite publication ; et, à la fin de chaque année, chacune des " Bibliothèques Nationales " ferait parvenir à celles de tous les autres pays civilisés un " Index protecteur imprimé," contenant la liste de toutes les productions publiées et garanties pendant le cours de la dite année révolue.

De plus, un compendium, une sorte de code ou catéchisme des lois affectant la propriété artistique, devrait être annexé à cet Index, de manière à promulguer et répandre en tout pays la connaissance des *obligations* et des *droits* des auteurs, que leur ignorance en ces matières livre sans défense à l'astuce et à la friponnerie du commerçant. Ces notions devraient faire partie *obligatoire* de l'éducation générale, de telle sorte qu'un malheureux auteur ne fût pas exposé à atteindre l'âge que j'ai atteint avant de savoir ce qu'il fallait faire pour que le fruit de son talent et de son travail n'enrichisse pas tous ceux qui en profitent excepté lui-même, et pour ne pas être réduit à souffrir d'un pareil état de choses même après la découverte des lois qui le frappent et des stratagèmes qui l'ont perdu. Les artistes sont généralement plutôt pauvres que fortunés : parmi les compositeurs, Mendelssohn et Meyerbeer, sont peut-être les deux seules exceptions, à ma connaissance du moins. Tous deux étaient nés de parents riches. Auber, il est vrai, a du sa fortune à un nombre considérable d'ouvrages représentés avec succès, et dont les droits d'auteurs, réglés et assurés par les lois françaises, ont atteint un chiffre considérable : mais c'est une exception, et il faut légiférer non pour l'exception mais pour la règle ; non pour le riche, mais pour le pauvre.

Je le répète ; la base de toute réforme, en ce qui regarde la situation des auteurs vis-à-vis des éditeurs, est celle-ci. Une publication devrait être, comme la location d'une maison, réglée par la loi du *Bail* à renouveler à la volonté des parties contractantes, de manière à ne pas laisser l'une des parties sous l'oppression irrévocable et irrémédiable d'un contrat onéreux : il faut que l'artiste, confiant, crédule, inhabile aux affaires, ne puisse pas, pour une inexpérience de sa jeunesse, devenir, pour toute sa vie, la victime de la ruse de son exploiteur.

*(A continuer.)*

## LES AUTEURS.

Mozart disait qu'il avait écrit *Don Juan*, "*pour* lui et deux ou trois amis." C'est un mot sublime. L'intimité est l'apogée de la vie : c'est là que recueilli en soi même, on s'approche d'autant plus de la parole idéale qu'on s'éloigne davantage des bruits du réel. C'est ce sanctuaire de silence et de ravissement, dans lequel les saints ont puisé cette familiarité divine qu'on appelle la "vie mystique :" c'est l'Eden où se réfugient les plus beaux des sentiments humains, l'amour et l'amitié. C'est aussi la retraite préférée du génie. Le beau est un idéal, un absolu, un infini : à ce titre, il est l'objet d'un culte, d'une adoration, et constitue, par conséquent, une véritable religion. Le mot de Mozart est un mot *religieux* : il exclut totalement la *préoccupation du succès* (sentiment tout personnel, inquiétude de l'amour-propre). Le succès doit être un *résultat ;* il ne doit pas être un *but.* Faire du succès un but, c'est spéculer ; c'est de l'agiotage ; c'est de l'usurpation ; c'est de l'idolatrie ; c'est dérober, à son profit, l'hommage dû à l'idéal lui seul : c'est vouloir faire dire et entendre dire qu'on est un "grand homme," c'est-à-dire, aussi *Dieu* qu'un homme puisse l'être. Il n'y a pas de *grand homme :* il y a des hommes dans lesquels ont été répandus, à plus ou moins grande profusion, des dons divins. Rien de ce qui est grand dans l'homme ne vient de lui ni ne lui appartient en propre ; c'est pourquoi la vanité peut se rencontrer dans le *talent ;* mais on ne la rencontrera jamais dans le *génie.* Le génie est une candeur : le génie est une croyance : il a toujours l'âge d'un enfant, parce qu'il en a l'abandon. Vous ne trouverez jamais de véritable grandeur chez les hommes d'où l'enfant a complètement disparu. Je me rappelle un vers admirable d'un poëte lyonnais, Joséphin Soulary. Il décrit des sites qui l'ont profondément impressionné dans son enfance, et, après s'être demandé pourquoi, devenu homme, il n'a pas retrouvé la même vivacité d'émotion en présence des mêmes objets, il répond : " C'est que je n'avais plus . . . *ma grande âme d'alors dans mon corps si petit !* " A mesure que l'enfant disparaît, l'homme se referme et se dessèche, soustrait aux rayons et à la rosée bienfaisante de l'idéal : c'est ce qu'enseigne l'Evangile, quand il dit que " le royaume des cieux est pour les petits enfants et pour ceux qui leur ressemblent."

Le génie est sincérité, désintéressement, abnégation : il a les scrupules et les délicatesses de la conscience ; c'est pourquoi il n'a pas les anxiétés du succès. Sa devise est : " Fais ce que *vois*, advienne que pourra."

On n'a qu'à prendre le contrepied des considérations qui précèdent pour se faire une idée exacte de ce qui se passe dans l'esprit d'un auteur qui, faute de croyance, est à la merci de tous les expédients de la routine et de toutes les suggestions du charlatanisme. Car il n'y a pas du milieu : ou bien l'on entend au fond de soi-même cette voix vivante de l'émotion dont l'accent est sincère et dont la sécurité s'impose avec une persuasion irrésistible (auquel cas on obéit à une évidence qui exclut l'inquiétude du doute et contient dans une mesure quelconque le phénomène de l'inspiration)—ou bien l'on n'entend rien du tout ; et alors, comme on se trouve, par état, dans l'obligation de dire quelque chose, on s'épuise en efforts stériles à la recherche de ce qu'on prend pour l'originalité, ou on se résigne à emboîter le pas de la routine, c'est-à-dire, à enchaîner, froidement et à force d'artifices, des formules d'où la vie est absente et par lesquelles on cherche vainement à se persuader à soi-même que l'on persuadera ses semblables.

" L'esprit qu'on veut avoir, gâte celui qu'on a." On peut dire avec autant de vérité (car c'est exactement la même chose.) " L'effet dont on se préoccupe, gâte l'impression qu'on aurait produite en ne le cherchant pas." *L'effet !* Voilà un mot qui a tué plus de gens que la peste—qu'on me cite la moindre trace d'une recherche de l'effet dans la plupart des œuvres des grands-maîtres ! En peinture, elles sont si sobres, si calmes, si tranquilles, elles *attirent*, d'ordinaire, si peu les regards, elles sont si peu *coquettes* que, bien souvent, on passe a côté d'un chef-d'œuvre de peinture, sans s'en douter ; ce qui faisait dire à M. Ingres que ces cohues de tableaux qu'on appelle des *expositions* étaient la pire de toutes les conditions pour voir la peinture, attendu que, la plupart du temps, ce ne sont pas les bons

tableaux qui font tort aux mauvais, mais les mauvais
qui font tort aux bons. Quelque étrange que ce jugement puisse paraître, il est néanmoins très profond et
très sensé. Les œuvres secondaires, celles qui, en dépit
de la somme de talent qui peut s'y montrer, ne sont pas
des œuvres de génie, ont généralement recours à des
moyens exagérés soit de violence outrée soit d'affectation
mièvre, dont le but secret est de frapper la foule ou de la
corrompre ; sorte de libertinage intellectuel précisément
l'opposé de cette simple expansion, tranquille et normale
comme la santé, qui est le signe de toutes les œuvres
fortes et impérissables.

En fin de compte, il faudrait un peu s'entendre sur ce
qu'on appelle l'*effet*. Est-ce cette impression qui provoque
le bruit des applaudissements et les *bis ?* Mais nous con-
naissons tous, nous avons tous entendu des œuvres ou
des morceaux qui produisaient un effet considérable, qui
étaient redemandés à grands cris par l'auditoire et qui
étaient, non seulement d'une valeur plus que contestable,
mais souvent même absurdes et ridicules. Le véritable
effet, ce n'est pas celui qui frappe violemment et ne laisse
pas de traces ; c'est cette impression qui demeure, qui
grandit, et laisse le desir de la renouveler encore. Combien
d'auteurs se sont fourvoyés à vouloir produire, dans leurs
œuvres, l'effet, l'impression, produits par l'œuvre de leur
voisin ! quelle erreur ! quelle absence de bon-sens le plus
élémentaire ! Telle œuvre a réussi parce qu'elle était le
produit naturel, spontané, instinctif de son auteur ; et
vous voulez, vous qui avez une organisation toute autre,
des aptitudes toutes différentes, vous incarner dans ce
corps qui n'est pas le vôtre ! mais rappelez-vous ce conseil
de notre grand fabuliste moraliste :

> " Ne forçons point notre talent,
> Nous ne ferions rien avec grâce !"

La forme est un corps : mais, dans ce corps, il faut qu'il
y ait une âme qui l'*explique* et le vivifie : sans quoi, ce
n'est plus qu'un cadavre, c'est-à-dire le froid et la putré-
faction. Un grand docteur a dit : " L'âme modèle le
corps " (anima informat corpus) : c'est vrai, non seulement dans l'ordre phisiologique, c'est-à-dire aux points de
vue de ce qu'on appelle la " physionomie," dont le domaine

a été exploité par les Lavater, Gall, etc. . . . c'est vrai aussi dans l'ordre psychologique et intellectuel : la forme, pour y être vivante, doit y être *sincère*, c'est-à-dire être l'enveloppe fidèle, intègre, du sentiment qu'elle exprime, qui a dû la dicter, et qui en est la raison et même l'excuse ; car mieux vaut une forme ordinaire qui est *vôtre* qu'une forme ambitieuse ou prétentieuse qui est un costume et un déguisement. Or, c'est cette damnable préoccupation de l'*effet* qui vous arrache à vous même, qui vous déracine en quelque sorte de vous-même, qui fait de vous un renégat de votre propre nature, et qui vous punit, par la ruine de votre mensonge même, d'avoir déserté la vérité vivante qui aurait été la vie de votre œuvre.

L'art étant l'expression du Beau, c'est-à-dire de l'un des trois grands aspects de la Perfection idéale, il doit y avoir, entre les facultés intellectuelles et le Beau qui est leur objet, des rapports analogues à ceux qui existent entre les facultés morales et leur objet qui est le Bien. En effet il y a des *vertus* intellectuelles comme il y a des vertus morales ; c'est-à-dire que, pour s'élever de plus en plus vers l'idéal du beau, l'entendement est soumis à la même loi de persévérance et d'effort que la volonté pour se maintenir et s'élever dans l'ordre du bien. L'intelligence a comme le cœur, son égoïsme ou son abnégation. L'égoïsme de l'intelligence, c'est la *gloriole*. Il est absolument impossible d'accepter le succès d'autrui dès qu'on se prend soi-même comme but de son propre succès : on en arrive fatalement au dénigrement de tout ce qui n'est pas soi, et à ce sentiment amer de dépit qui n'est autre chose que le malaise de l'envie. L'amour de la gloire fait des jaloux et par conséquent des ennemis, parce qu'il fait des rivaux, et que toute rivalité peut se traduire par *la convoitise d'un trône et d'une tyrannie*.

Tout autre est, dans ses conséquences, le véritable amour de l'art, parce qu'il diffère absolument, dans son essence même, de l'amour ou plutôt de la *passion* du succès. La différence radicale, en toutes choses, entre la *passion* et *l'amour*, c'est que la passion est exigeante, dévorante, ne songeant qu'à ce qu'elle reçoit, et sacrifiant tout à elle-même ; tandis que l'amour ne songe qu'à ce qu'il peut donner : il est *générateur* parce qu'il est *généreux*. Voilà donc, en vertu même de l'essence des choses, une évidente incompatibilité entre le génie et la soif du succès, puisque le génie est réciproque à l'amour et que le besoin de succès est réciproque à l'égoïsme. Il n'y a que la *vérité* qui puisse donner la *liberté*. Aussi quelle liberté, quelle franchise, quelle unité d'allure dans les œuvres du génie ! Pas une contradiction, pas un démenti dans cette multitude de témoignages d'un même maître ! Sa marque distinctive, son cachet reconnaissable partout ; et partout aussi, en même tems, cette soumission respectueuse, cette discipline sévère, cette honnêteté patiente qui tient le regard attentif sur la vérité, et préserve ainsi les dons personnels contre les envahissements de la formule et les déceptions de la routine. Tout au contraire, que d'irrésolutions, que de contradictions dans l'œuvre d'un esprit sans cesse aux prises avec la crainte de l'insuccès ! "Ce passage plaira-t-il ? Fera-t-il de *l'effet* sur le public ? La chanteuse en sera-t-elle satisfaite ? Et le *chef de claque* (l'entrepreneur des enthousiasmes, des ovations et des rappels), le chef de claque sera-t-il ému, soulevé, transporté ?" Que de perplexités ! que d'angoisses ! quel esclavage de la gloriole au lieu de la liberté de l'amour et de la sincérité qui parle "d'abondance du cœur !" Quand le cœur est plein de ce qu'il doit dire, songe-t-il jamais au succès qui lui en reviendra ? La foi dans ce qu'il éprouve ne l'emporte-t-elle pas sur des ailes qui ne lui permettent plus ni crainte, ni doute, ni retour sur lui-même ? à ces contrastes violents, à ces minauderies recherchées comparez donc cette lumière calme, sereine, cette imperturbable tranquillité répandue sur les chefs-d'œuvre ! Vous représentez-vous Mozart pouvant écrire son *Don Juan* immortel, cette perfection de la grâce et de la force, sous l'empire de la préoccupation du succès ? Quand donc comprendra-t-on que l'éloquence de l'homme n'est qu'un *écho*, que l'homme n'est pas la *parole* mais seulement la *voix* qui manifeste la parole ? Sans la parole vivante, la voix est morte, aussi bien que le violon sans le violoniste. J'ai eu, depuis bien des années, la pensée d'écrire un livre sur l'analogie des lois morales et des lois de l'esthétique. Rien n'éclaire et ne seconde un ordre d'idées quelconque comme d'en apercevoir la corrélation, le parallélisme, l'identité substantielle avec un autre ordre. L'analogie est le terrain des confirmations réciproques. Le beau a son origine, sa raison, ses lois dans les mêmes éternelles profondeurs que le bien et le vrai. L'art n'est pas un caprice : la mode et le tems n'ont rien à y voir ; ce qui le prouve, c'est que, dans les œuvres même des plus grands maîtres, il est facile de signaler les points de défaillance, les moments où la sereine liberté du génie a fait place aux exigences et aux importunités du succès. Tel air de Mozart, débutant par un exorde sublime, expression fidèle de la situation, se termine par une exhibition de virtuosité ridicule, concession évidente aux sollicitations du chanteur : le génie disparaît en même tems que la sincérité, la nullité apparaît comme conséquence et punition du mensonge. Je citerai, comme exemple à l'appui de ce que j'avance, deux morceaux de l'immortel Mozart : l'un est l'air de Donna Anna dans le dernier acte de *Don Juan;* l'autre, l'air de la Reine de la nuit dans le premier acte de la *Flûte Enchantée :* tous deux commençant par un adagio admirable et se terminant par un de ces lieux-communs dont le sort est de se flétrir comme tout ce que n'arrogent pas les eaux vivifiantes de cette émotion convaincue, et tôt ou tard convaincante, que l'on appelle l'inspiration.

De toutes les chances d'émouvoir, d'attendrir, d'électriser ses semblables, la plus probable assurément c'est d'avoir été soi-même attendri, ému, électrisé par ce que l'on a ressenti. L'émotion porte avec elle une sorte de garantie d'où résulte un état de confiance qui ne ressemble nullement à la présomption ni à l'outrecuidance. Plus une inspiration est élevée, plus on sent clairement qu'on n'en est pas le principe ni la source, mais seulement l'organe. La vérité du Beau et la Beauté du vrai une fois détrônées dans l'intelligence par la vanité de la formule, l'art n'est plus qu'une sorte de *vestiaire* où tout se réduit à une question de *toilettes* que la mode emporte comme elle les avait apportées, et dont il ne reste bientôt que de vieux chiffons. Ces symptômes de décrépitude se retrouvent à toutes les époques de décadence, où la surcharge d'ornements futiles remplace la simple et chaste nudité du Beau. Vers la fin du moyen-âge, on voit apparaître, avec le style prétentieux de l'architecture flamboyante, des œuvres musicales qui ne sont plus que des tournois grotesques, où les maîtres soi-disant religieux de l'époque se livrent à une exhibition ridicule de facéties et d'énigmes harmoniques dont la draperie enveloppe et dissimule le chant qui sert de thême à leurs compositeurs ; et ce chant lui-même est souvent une chanson plus que profane, popularisée par des vers plus que légers. C'est ainsi qu'une *messe* portait le titre de la chanson même que l'auteur avait choisie pour en faire son thême principal : telle est la messe, " Baise moi, ma mie ! " composé par Pipelare.

Le sentiment de l'expression n'est plus pour rien dans ces œuvres où l'Art se transforme en *rébus* et en *logogriphes*, et où l'auteur n'est préoccupé que de mettre à la torture la perspicacité du lecteur ou de désespérer un rival en remportant sur lui la palme de la subtilité dans les détours de ce labyrinthe musical.

Depuis ce tems, le champ de bataille a changé d'aspect ; mais les ambitions de succès sont aussi puériles qu'alors, et, de plus, les rivaux sont loin de posséder un savoir relativement aussi étendu. Le terrain se jonche, tous les jours, de cadavres nouveaux qui passent, emportés par le tems, devant ces figures immuables et immortelles des Grand Maîtres que la présence de l'étincelle divine a préservée de la corruption et de décadence en les fixant dans l'éternelle Vérité.

*(A continuer.)*

## LA CRITIQUE MUSICALE ANGLAISE.

La critique musicale, en Angleterre, fait généralement grand étalage de *fugue* et de *contrepoint*. L'emploi des mots techniques est un moyen commode de passer aux yeux de la foule pour un habile homme et un connoisseur. On se donne ainsi l'apparence d'un juge compétent et le public crédule et débonnaire s'imagine avoir affaire à une *autorité*. Il n'est donc pas sans intérêt d'examiner à quoi se réduit cette prétendue autorité de la critique, lorsqu'elle se mêle d'employer et d'appliquer les mots sonores et retentissants avec lesquels elle en impose aux lecteurs.

Le contrepoint, la fugue, les imitations, les canons, en un mot tous les *artifices* de la littérature musicale, ne sont autre chose que des *exercises de gymnastique* dont le but est de donner au langage du compositeur la souplesse, l'agilité, l'aisance et la liberté de mouvement que l'habitude de la *gymnastique* donne à tous les membres du corps humain. C'est la *grammaire* de la composition musicale, et non la composition elle-même, pas plus que la syntaxe et l'orthographie ne sont le discours.

Or, il peut arriver (comme il arrive en effet assez souvent) que cette liberté de mouvement, cette élégance, cette grâce particulière que la possession du contrepoint donne au discours musical ne soient qu'*apparentes* et non *réelles*. Il y a nombre de compositeurs qui ont la prétention de donner à leurs œuvres un aspect *magistral*, en y semant, avec plus ou moins de lourdeur et de profusion, des fugues ou espèces de fugues, et jouent ainsi au Bach et surtout au Haendel ; la critique se laisse prendre à cet étalage spécieux, sans remarquer que ces exhibitions de rhétorique ne sont, la plupart du tems, que des formules scholastiques absolument vides de sens et d'expression. De plus, la plupart des critiques étant étrangers à l'étude des lois et des règles de la composition, il s'ensuit qu'ils sont incapables d'apprécier la valeur réelle d'une belle fugue supérieurement écrite et magistralement conduite, et de la distinguer d'une fugue banale, ou d'un semblant de fugue, dont l'insupportable longueur leur fait l'effet d'un admirable développement. C'est ainsi que, de notre temps, le pédantisme des critiques et celui des auteurs se soutiennent et s'encouragent mutuellement, pour le plus grand ennui du public, et les plus lourdes préténsions dé l'Art.

Il faut bien remarquer que le contrepoint et la fugue faisaient le fond des œuvres des maîtres à une période plus reculée ; que c'était là, en quelque sorte, le style de leurs tems, comme le symbolisme faisait le fond de la peinture à une certaine époque de l'art byzantin ou du moyen âge. Autres temps, autres mœurs. L'esprit moderne, avec ses instincts dramatiques plus développés et plus profonds, demande avant tout à la musique des qualités de sentiment, d'expression et de vérité. Il n'y a pas longtemps encore que tel et tel opéra de la scène italienne n'était pas autre chose qu'un *concert*, dans lequel la prima donna, le contralto, le ténor, le baryton, s'avançaient, chacun à leur tour, devant la rampe, pour y chanter leur solo, la main sur le cœur en manière d'émotion et de pathétique. Le *bon sens* public a fait justice de ces ennuyeux et fastidieux *non sens* dont le règne a disparu devant les droits et la puissance de la vérité de caractères et de situations.

Il est donc tout à fait insignifiant et absurde de vouloir ramener dans l'art moderne, sous prétexte de classicisme, ces vieux costumes de l'ancienne garde-robe musicale. La musique sacrée, pas plus à l'Eglise que dans l'oratorio, ne consiste dans la *fugue* qui n'a, par elle-même, rien de religieux, et dont l'essence est d'être une simple étude d'anatomie, aride, sèche comme le squelette, et ne pouvant tirer d'expression que du rapport de la forme avec le sujet vivant où on l'applique.

Quiconque est tant soit peu familiarisé avec les diverses époques de l'art musical n'est pas sans savoir que le berceau de tous ces artifices, qui forment le domaine de la fugue et du contrepoint, est le moyen age. Rien n'est plus curieux que la manière dont les maîtres de cette époque s'amusaient à des combinaisons musicales qui n'étaient que des puérilités, des jeux d'esprit absolument analogues à ce qu'on appelle de nos jours, des "rébus" et des "logogriphes." L'art musical était, en quelque sorte, un tournoi; les compositeurs s'y jetaient de véritables défis, dans lesquels le vainqueur était celui qui était parvenu à introduire dans un morceau de musique l'*énigme* de contrepoint la plus inextricable et la plus difficile à deviner. Toute la supériorité d'un auteur consistait à être un *sphinx*. En outre, ce style de "concetti" et de ruses musicales était appliqué indistinctement à *toutes* les œuvres, aussi bien sacrées que profanes et il n'y avait pas l'ombre de différence entre le style d'une messe et celui d'une chanson. On poussait même l'impudence de la plaisanterie jusqu'à introduire les airs et parfois même les paroles de chansons licencieuses dans des messes que l'on intitulait du nom même de la chanson, et le mérite de la messe consistait à rendre la présence de la chanson le plus difficile possible à découvrir. Telle est, par exemple, une Messe de Pipelare, intitulée "Baise moi, ma mie." Cet abus de la subtilité musicale qui empoisonne les œuvres du moyen age avait atteint un tel degré d'irrévérence que la musique sacrée, même à la Chapelle Pontificale à Rome, courut, un moment, le danger d'être interdite et supprimée au 16me siècle sous le Pape Marcel. Ce furent les instances et le génie de Palestrina qui plaidèrent et sauvèrent la cause de l'art religieux; et son admirable messe intitulée " messe du Pape Marcel " fut l'œuvre avec laquelle il remporta cette mémorable victoire.

Dans ces œuvres de ce grand homme, les ressources du contrepoint n'empiètent jamais sur les droits du sentiment et de l'expression vraie et profonde; l'austérité du style n'y est point la sécheresse du langage, et la gravité de l'impression produite ne ressemble à rien moins qu'à la somnolence de l'ennui.

De cette période de l'art en Italie la science musicale a passé plus tard, en Allemagne, où Bach et Händel en ont été les plus illustres représentants : après eux sont venus Haydn, Mozart, Beethoven, Mendelssohn, tous nourris des secrets de leur art et disciples de la même tradition. Mais à mesure que l'art musical s'est développé, les grands maîtres dans le contrepoint et la fugue, au lieu d'en faire ostentation et parade, se sont efforcés d'en dissimuler les ressources en les enveloppant dans le coloris du pittoresque et le dessin de l'expression. Rossini connaissait Haydn et Mozart à fond, comme Meyerbeer connaissait Glück et Beethoven : Rossini et Meyerbeer ont écrit des chefs-d'œuvre, dans lesquels on ne trouverait pas une fugue, et l'admirable ouverture d'*Obéron* de Weber ne se recommande assurément pas d'une manière spéciale par le petit bout de matière fuguée qui s'y rencontre. C'est donc rétrograder et faire de l'archaïsme musical que d'affecter aujourd'hui l'exhibition de la fugue : c'est prendre une leçon de grammaire pour une œuvre oratoire : c'est mettre la rhétorique à la place de l'éloquence, la formule à la place de la forme, le squelette à la place du corps vivant.

Préface à
## GEORGE DANDIN,
### COMEDIE EN TROIS ACTES, EN PROSE
### de MOLIÈRE.
### musique de CHARLES GOUNOD.

Cet ouvrage est une tentative d'innovation dans le domaine de la musique dramatique, je veux dire de la déclamation et du chant *au théâtre*. Contrairement à l'usage, au lieu d'être adaptée à des vers, la musique y est adaptée à la prose même de Molière, dont le tour si énergique, l'allure si ferme, la forme si incisive et si pénétrante ont été scrupuleusement sinon *observés* du moins *conservés* par l'auteur de la musique. Cette innovation présentait des *difficultés*, mais elle me semble offrir en même tems des *avantages* ; j'ai donc cru qu'il n'y avait pas à hésiter, et qu'en présence des avantages, la difficulté devait être abordée et surmontée s'il était possible. Mais enfin, c'est une innovation (du moins au théâtre, car ce n'en est pas une absolument comme je vais le faire voir); et, comme innovation dans les *habitudes* du théâtre, je m'attends, de la part des habitués ou *habitueux*, à un déluge d'objections que je prévois, du moins en partie (car on ne prévoit pas tout) et auxquelles je vais, de mon mieux tâcher de répondre à l'avance. Je commencerai par l'examen des *difficultés* qui sont le terrain naturel des objections.

Assurément, au point de vue de la régularité métrique et rythmique, l'adaptation de la musique à la prose présente de réels et sérieux obstacles. Le vers, par sa symétrie, offre au musicien un canevas beaucoup plus facile, souvent même dangereusement facile, en ce sens que, une fois entraîné par le rythme que le premier vers d'une série a fait jaillir dans l'esprit ou dans l'oreille du musicien, celui ci devient, en quelque sorte, l'esclave du dialogue au lieu d'en rester le maître, et s'abandonne, sans plus de contrôle, aux conséquences purement rythmiques de sa première impression : c'est ainsi que la vérité de l'expression musicale disparaît sous l'entraînement banal et irréfléchi de la formule et de la routine.

Toutefois le *vers* maintient ses prétentions : il fait valoir ses titres. Titres d'*ancienneté* d'abord. Il a pour lui la tradition. Titres de *dignité*. Il est la langue des Dieux. Il est du Parnasse ! La prose ! fi donc !—Enfin, il est le dépositaire du *rhythme*. Or, sans le rhythme, pas de musique.

Voyons un peu toute cela.

L'ancienneté !—Bon :—mais il y a aussi l'Ancien et le Nouveau Testament. Il y a la barbarie et la civilisation. Il y a le berceau de toutes choses et leur développement, aussi bien des langues, des arts, des sciences, que des institutions politiques ou sociales. Le règne par droit d'ancienneté, se ferait le maintien du " statu quo " à perpétuité. Quant à la *supériorité* du vers sur la prose, c'est une question dont la solution dépend uniquement de la valeur de l'une ou de l'autre : il est hors de doute que la belle prose vaut mieux que des vers médiocres, et ce n'est certes pas dans la poësie généralement fabriquée à l'usage des musiciens que l'on ira chercher les preuves de la suprématie des vers sur la prose.

Reste l'objection qui se rapporte au *rhythme*. Celle ci est plus sérieuse ; toutefois, il s'en faut qu'elle soit sans réplique.

Et d'abord, on peut citer comme preuve les nombreux *oratorios* qui ont été écrits sur de la prose, soit latine, soit allemande, soit Anglaise. Les œuvres de Bach, Handel, Mendelssohn, sont là pour montrer à quel point la régularité du rhythme et de la période en musique est compatible avec l'emploi de la prose. Pourquoi n'en serait-il pas de même au théâtre ? Est-ce plus impossible là qu'autrepart ? Je ne le pense nullement. Toute la question est de découvrir, dans l'ensemble d'une période (soit monologue, soit dialogue), les subdivisions qui comportent la symétrie de la période musicale ; cette ordonnance une fois trouvée, le seul élément qui ait disparu est *la rime*.

La rime est-elle indispensable à l'ensemble de l'impression musicale ? En aucune façon. Souvent même elle se dérobe dans la coupe de la phrase musicale et dans des césures ou enjambements qui en suppriment le retour périodique pour l'oreille. D'autres fois elle peut devenir une fatigue par son opiniâtreté.

Je ne vois donc pas, en somme, qu'il y ait, pour la musique un préjudice réel, un inconvénient grave à se passer de la versification.

Quant aux avantages que la composition musicale peut retirer de l'emploi de la prose, je les trouve immenses et illimités.

En effet, la variété indéfinie des périodes, en prose, ouvre devant le musicien un horizon tout neuf qui le délivre de la monotonie et de l'uniformité. Là, l'indépendance et la liberté d'allure peuvent se concilier avec l'observance des grandes lois qui régissent la mesure périodique et les mille nuances de la prosodie. Là, chaque syllabe peut avoir sa quantité, son poids exact et rigoureux dans la vérité de l'expression et la justesse du langage. Les *longues* et les *brèves* ne sont pas exposées à s'y faire ces concessions cruelles, ces sacrifices barbares, devant lesquels, il faut bien l'avouer, les compositeurs et les chanteurs se montrent trop souvent si peu scrupuleux. Quelle mine féconde, inépuisable, de variété dans l'intonation chantée ou déclamée, dans la durée et dans l'intensité de l'accent, dans la proportion et le développement de la période musicale, développement qui, dès lors, ne repose plus sur le continuel rabâchage des redites, mais sur la progression logique et sur le crescendo de l'idée-mère qui domine et conduit le morceau ! Outre ces avantages incontestables quant à la vérité de la diction, la musique associée à la prose doit fatalement amener le compositeur à des formes d'accompagnement plus concertantes, plus symphoniques qui donnent aux accompagnements de l'orchestre un intérêt plus soutenu, une conversation plus variée et plus vraie que les formules stéréotypées dont les accompagnements de la musique dramatique fournissent de si nombreux exemples. L'orchestre, au théâtre, est souvent chargé d'un rôle par trop secondaire dont la pauvreté résulte de l'importance *exclusive* que beaucoup de compositeurs donnent à la partie vocale. Le vers est une espèce de *Dada* qui, une fois parti, emmène le musicien, lequel se laisse conduire nonchalamment, et finit par s'endormir, ou au moins s'assoupir dans une négligence musicale déplorable : et il me paraît certain que, ramené au souci de la vérité par le tour naturel de la prose, le musicien a tout à gagner du coté de l'expression, et beaucoup à perdre du coté de la routine. Il me reste à dire pourquoi j'ai choisi cette comédie de *George Dandin*. Molière n'a pas écrit de tragédies : mais plusieurs de ses immortelles comédies sont des *drames*. *Tartuffe, Le Misanthrope, L'Ecole des Femmes, Don Juan, L'Avare*, ont des traits qui remuent les fibres les plus profondes de notre nature. Ainsi en est-il de *George Dandin* comédie terrible et poignante.

La tragédie chausse le cothurne, et grimpe ses personnages : elle aspire au *sublime*.

Molière n'est pas *exceptionnel* comme le sublime ; il a plus et mieux que la taille du colosse ; il est *universel* comme l'humanité ; il marche droit dans la sincérité de la conscience et dans la simplicité de la lumière : il est grand, non parce qu'il lève la tête, mais parce qu'il ne la courbe jamais. Sa taille est celle de l'homme parfait : il a la grandeur de l'irréprochable.

Ce qui peut faire qu'une comédie soit en même temps un drame, c'est que le *pathétique* y sort encadré dans le *ridicule*. George Dandin est ridicule, soit ; il se l'avoue à lui-même dès la fin du premier acte : " Vous l'avez voulu, George Dandin, vous l'avez voulu ; cela vous sied fort bien, et vous voilà ajusté comme il faut : vous avez justement ce que vous méritez."

Mais après tout, il est encore bien plus malheureux que ridicule, bien plus à plaindre qu'à blâmer : il expie cruellement la sottise qu'il a faite d'épouser cette Angélique carogne aussi perfide et méchante que ses parents sont sots, vaniteux et incrédules à force de crédulité. Les vrais ridicules dans toute cette affaire c'est ce Monsieur et cette Madame de Sotenville. *Sotenville !* quel nom ! un trait de génie à lui tout seul. Ces gens boursoufflés de leur blason de campagnards, gonflés de morgue et d'insolence, grenouilles jouant au bœuf ! Images du monde qui ne s'apitoye pas sur les infortunes, mais qui s'en égaye sans pitié, ce qui lui a valu cette parole terrible de la pitié par excellence : "Je ne prie pas pour le monde ! "

Pauvre George Dandin ! C'est lui qui a raison, et *tous* lui donnent tort, et sa diablesse de femme fait tourner contre lui *toutes les apparences* au point d'en faire des *certitudes* à la confusion de son mari et à sa propre justification ! Et non seulement on le confond, mais on l'humilie, on le fait mettre à genoux pour demander pardon des torts qu'il n'a pas ! (Il est vrai que c'était sous Louis XIV., le Grand ! Mais n'en disons pas trop de mal ; nous lui devons peut-être Molière !) Quelle antithèse dramatique navrante que cette Angélique qui fait semblant de se tuer dans la rue pour abuser et faire sortir de la maison ce pauvre homme qu'elle va trouver moyen de confondre et qui, tout à l'heure, va se tuer, lui, pour tout de bon ! Et cette gueuse de Claudine ! Cette pécore de faux témoin soudoyé ! Et ce garnement de Clitandre, un des rares amoureux à qui Molière n'ait point fait parler ce langage si honnête, si fin, si délicat, si embaumé des amoureux, "pour le bon motif!"

Tous ces personnages là sont la *comédie humaine* qui sert de cadre à la pauvre victime.

Quelle oraison funèbre que cette simple phrase qui termine la pièce !

"Ah ! je le quitte maintenant, et je n'y vois plus de remède ! quand on a, comme moi, épousé une méchante femme, le meilleur parti qu'on puisse prendre, c'est de s'aller jeter dans l'eau, la tête la première !"

Et il y va. Le dénouement de George Dandin est un *suicide :* c'est le seul dénouement de ce genre dans le théâtre de Molière.

Molière avait à choisir entre deux conclusions : la Résignation, sentiment chrétien, le Suicide, égarement du désespoir. Il a opté pour le Suicide : la dernière phrase de la pièce ne laisse aucun doute à cet égard.

Pourquoi ? Il serait difficile de le dire. Molière n'était ni un athée, ni un impie, ni un incrédule ; outre que sa mort le prouve victorieusement, il a fait, dans ses œuvres, le plus noble et le plus digne éloge des sentiments et des exemples de la vraie et sincère piété. Mais, hélas ! Armande Béjart avait amoncelé, dans cette âme lumineuse, confiante et simple, les nuages de toutes les tristesses,— depuis les irritations d'Alceste jusqu'au désespoir de George Dandin.

Molière ne s'est pas *suicidé :* qui sait s'il ne s'est pas *tué* pour échapper au suicide !

## LES INTERPRÈTES.

Contrairement au peintre, au sculpteur, à l'architecte, à l'écrivain, qui, tous, disposent, en souverains absolus de leurs ressources d'exécution, et dont l'œuvre transmet la pensée au public sans le concours d'aucun intermédiaire, sans le commentaire plus ou moins fidèle d'aucun milieu, le musicien compositeur est assujetti, par la nature même de son art, à ne se présenter devant le public que sous le voile plus ou moins transparent des artistes exécutants. Il ne plaide pas lui-même sa cause ; il la confie à des avocats dont le talent peut la sauver ou la compromettre. Que deviendrait un peintre, si chacun des tons qui chargent sa palette était admis à réclamer, à protester, à juger de l'emploi que l'artiste trouve bon d'en faire ? Si le *bleu* se révoltait contre les emprunts faits au *rouge*, et le rouge contre les faveurs dont le *jaune* ou le *gris* seraient comblés ? Il n'y aurait plus de peintures possible : le maître, le peintre deviendrait serviteur, esclave, prisonnier, c'est à peu prés quelque chose de semblable qui arrive lorsque la situation, le caractère, le prestige, ou le crédit des interprétes s'impose à la pensée de l'auteur : le moyen devient le but ; le milieu absorbe, à lui seul et en vue de lui seul, le point de départ, la route à parcourir et le terme à atteindre : il était le courrier, il devient le message lui-même, et la pensée se trouve confisquée par le costume dont l'à revêtue l'interprète.

Il y a, dans le vocabulaire du théâtre, un mot bien connu et très expressif : " *Se mettre dans la peau d'un rôle ;* " une foule de chanteurs et de chanteuses sont le contraire ; ils mettent tous leurs rôles dans une même peau, la leur. Au lieu d'assurer à leur exécution le charme d'un renouveau perpétuel par le souci de la vérité dans l'expression d'un sentiment, d'une situation, d'une passion, d'un caractère, au lieu de répandre dans toutes les branches de leur diction la sève vivante et intarissable dont la variété est indéfinie comme les sucs de cette même terre qui nous porte se changent, dans les fleurs et les fruits, en une multitude

innombrable de saveurs ou de parfums, eux, tout au red-
bours, s'attachent invariablement à certains procédés, à
certaines formules toujours les mêmes, sans relation aucune avec ce qu'ils ont à dire, et sur lesquelles ils se fient
pour produire ce qu'ils appellent " de l'effet." Ces ressources, très monotones et qui deviennent promptement
fatigantes et nauséabondes à force d'insignifiance, constituent le domaine de ce qu'on est convenu d'appeler la
"virtuosité;" c'est une peste : et, puisque je me permets
de la qualifier ainsi, il est bien juste qu'elle me demande
des explications sur un pareil langage : les voici. Je tiens
d'abord à établir que toutes les études mécaniques (soit de
la voix, soit d'un instrument quelconque) qui mettent un
exécutant en possession de ce trésor si envié, si vanté, la
*virtuosité*, sont non seulement très bonnes, très excellentes
en elles-mêmes, mais encore indispensables. La perfection de la composition musicale aussi exige de longues
études préliminaires, sans lesquelles il est impossible d'acquérir le maniement de son art et de s'élever au dessus
d'une certaine moyenne d'amateur, très pauvre, très misérable. De même que les Raphaël, les Michel-Ange, les
Léonard de Vinci et autres ne siégeraient pas au sommet
de leur art, s'ils n'avaient conquis, par une persévérance
de tous les instants, cette suprême liberté, cette merveilleuse souplesse de dessin et de peinture pour laquelle aucune interprétation de la forme ou de la couleur n'avait
plus ni secrets ni obstacles, de même aussi les Palestrina,
les Bach, les Haydn, les Mozart, et les Beethoven n'occu-
peraient pas la place que leur a donnée l'histoire, s'ils
n'avaient sondé toutes les ressources de l'harmonie, du
contrepoint, de la fugue et de l'orchestre. Tous ces grands
hommes ont donc été des *virtuoses*, eux aussi, et des virtuoses de premier ordre : mais, au lieu de renverser les
rôles, au lieu d'étaler leur savoir et de le mettre en relief
pour *le* faire voir et *se* faire admirer, ils ont subordonné
toute cette science à l'expression vraie d'un sentiment ou
d'une pensée ; grands architectes, ils ont caché les ressources de leur architecture sous l'impression de l'édifice
qu'ils ont construit, comme la charpente osseuse qui se
dérobe et se livre tout à la fois sous les chairs qui la revê-
tent ; et toute la beauté de leurs conceptions, tout le
charme de leurs œuvres tient précisément à cet équilibre

parfait de structure que peut seule donner la possession complète des ressources d'un art.

M. Ingres lorsqu'il parlait de la peinture, disait : " La peinture, c'est le dessin, c'est *la probité !* " Mot superbe. Oui, le dessin, c'est la probité, en musique comme en peinture ; car le dessin, c'est la forme, et la forme c'est l'enveloppe de l'être, c'est son expression par la physionomie, par le geste, par l'attitude, par la marche, par l'allure, par tout le détail et tous les aspects du mouvement ou du repos. Or, la pensée musicale est un être dont la voix est une forme, une enveloppe extérieure, un contour sensible : l'accent de la voix, sa flexion, sa mesure d'intensité, de température, de nuances, de coloris, [de lumière et d'ombre (car elle possède tout cela) doivent se modeler fidèlement, honnêtement, scrupuleusement sur la réalité de l'être intérieur. L'art est une conscience, et n'a pas plus le droit de mentir que la parole. Proudhon, dans son remarquable livre " Du Principe de l'Art," dit que " Le plaisir n'est pas la *fin* que l'art doit se proposer." La forme doit être l'*image de la substance*, et, par conséquent, une sincérité. Qu'il y a loin de là à cette coiffure stéréotypée, à ce faux chignon dont la plupart des virtuoses affublent leur chant ! appendices prétentieux, emphatiques comme la vanité, et creux comme la mode qui les apporte, les encense et les renverse pour leur en substituer de plus ridicules encore.

Ce qui fait, en général, la supériorité de l'exécution instrumentale sur l'exécution vocale, surtout au théâtre, c'est que l'empiétement de l'orchestre sur la pensée de l'auteur n'y est pas possible comme de la part des chanteurs. A l'orchestre, l'individu disparaît et n'est plus qu'un fragment de l'ensemble ; sur la scène, le chanteur est seul, il fait la loi ; il faut que l'orchestre le suive, sous peine de l'accuser ou de jeter le désarroi dans l'exécution. Aussi le chanteur a-t-il beau jeu pour abuser de son importance et se livrer à tous les caprices de l'arbitraire, ralentir un mouvement, en précipiter un autre, escamoter telle note, et, en revanche, s'étendre à loisir sur telle autre dans la sonorité de laquelle il se complaît et se pâme, sans souci du préjudice que toutes fantaisies peuvent causer au texte du maître et au sentiment du morceau. Un acteur n'oserait pas, dans une œuvre d'un Molière, d'un Racine, d'un poëte ou d'un écrivain quelconque, substituer un vers de sa façon à celui du maître : en musique, cela ne fait pas un pli ; on brode, on enjolive, on ornemente, on agrémente le texte original, au point que l'étoffe primitive n'est plus reconnaissable.

La manie de "montrer sa belle voix" (ou plutôt les belles notes de sa voix), pousse le chanteur à dénaturer sans merci les intentions dont la forme a été déterminée par l'auteur en vue d'une expression voulue.

*(A continuer.)*

---

## L'ENSEIGNEMENT.

J'AI entendu dire quelquefois : "L'enseignement est tout." D'autres disent : "L'enseignement n'est rien." Je crois qu'il serait plus juste de dire : "L'enseignement est *quelque chose*, et même quelque chose d'*indispensable*." Mais, dira-t-on, s'il est indispensable, il est tout :—Nullement ; parce que, tout indispensable qu'il soit, il suppose, sous peine d'être absolument inutile, quelque chose de nécessaire aussi. L'enseignement est une *fécondation* : il est lumière, chaleur, climat, atmosphère, toutes choses qui demeurent inefficaces si elles ne rencontrent le *germe* au développement duquel leur action est nécessaire, et où elles provoquent ce premier frémissement qui est le "fiat lux" de la vie.

Un jeune artiste me disait, un jour : "Plus d'écoles ! plus de professeurs ! ils sont inutiles ; ils sont même nuisibles et dangereux ; ils étouffent l'individualité ;—le bon oiseau se fait de lui-même."—"Ah !" par exemple, dis-je "comme voilà bien une bonne grosse hérésie ! c'est exactement comme si les femmes disaient : Plus d'hommes ! et les enfants : Plus de pères !—"L'enseignement joue, dans l'ordre intellectuel, le même rôle que l'éducation dans l'ordre moral : l'une et l'autre sont le domaine d'un ensemble de principes généraux qui régissent la conservation et le développement de l'*espèce*, principes dont le caractère essentiel est d'être transmissibles, accessibles à tous et obligatoires pour tous, sans porter la moindre atteinte à ce qui constitue l'*individualité*.

Mon maître F. Halévy, l'auteur célèbre de *La Juive*, et dont l'intelligence embrassait bien d'autres horizons que celui de l'art qui a fait son nom illustre, me disait ceci : " Mon cher ami, il n'y a pas de bons professeurs ; il n'y a que de bons élèves." Ce mot, qui a l'air d'un paradoxe mais qui est, en réalité, plein de profondeur, ne pouvait sortir que d'un esprit où l'étendue et la simplicité de la modestie le disputaient à l'étendue des connaissances et des lumières, et il résout, pour qui saura le comprendre, toute la question de l'enseignement.

Il n'y a pas de bons professeurs, il n'y a que de bons élèves :" c'est-à-dire : " Il n'y a de bon professeur *que pour un bon élève*." Car il ne faut pas entendre seulement par " professeur " le maître vivant, visible, dont la parole nous instruit ; il faut entendre aussi par là *les œuvres des maîtres* qui sont, elles aussi, une parole, un enseignement. Peu importe donc que ce soit l'homme ou son œuvre qui nous instruise, pourvu que l'un ou l'autre nous atteigne par cet élément de lumière et de chaleur qui fait éclore le germe endormi et silencieux sur lequel il tombe.

L'enseignement ne crée pas ; il évoque et vivifie quelque chose qui est en germe, quelque chose qui est à l'état latent, comme l'étincelle ou le feu sont provoqués par le choc ou le frottement. L'enseignement n'est que la transmission des données impersonnelles, c'est-à-dire des lois ou conditions qui obligent l'espèce (et, par conséquent, chacun des individus qui la composent), sous peine de déviation, d'erreur, et de désordre : mais la subordination à ces lois n'a pas plus le pouvoir de modifier les éléments constitutifs de l'individualité que celui de les produire là où ils n'existent pas. La fonction du professorat est donc l'opposé de l'influence personnelle, et son rôle est facile à déterminer. C'est pour avoir méconnu ou ignoré ce principe, que tant de maîtres ont produit, soit volontairement soit à leur insu et même malgré eux, ces légions d'imitateurs médiocres qu'on a nommées des "Écoles," et qui montrent à quel point sont spéciaux, intransmissibles et incommunicables les dons qui caractérisent l'individualité, puisque tous ceux qui prétendaient en recueillir l'héritage n'en

7

ont laissé que des reproductions incolores et des échos affaiblis.

Nous rous retrouvons donc, sur le terrain du professorat, en face de cette invasion de la "routine" qui n'est que l'usurpation du sophisme sur le sens-commun. Au lieu d'appliquer au développement régulier, à la formation normale de l'individu les procédés généraux conformes aux besoins des organes communs à toute l'espèce, la plupart des professeurs ou s'attachent à *se* faire imiter par leurs élèves, ou négligent de leur transmettre le patrimoine de ces notions primordiales qui, seules, assurent l'emploi salutaire des facultés personnelles, et la sécurité de l'essor par la possession de cet ordre inviolable et lumineux où la liberté devient impunément de l'audace.

Appliquons ces réflexions sur le professorat à la question de l'enseignement du chant, par exemple.

La *Voix*, cette faculté de produire des sons, se manifeste par des organes : l'homme parle et chante au moyen d'un appareil spécial qui a des fonctions propres, et dont le mécanisme se forme, se développe et s'acquiert dans un degré plus au moins grand de perfection, par la pratique de certaines études, comme le mécanisme de tous les autres organes dans leur rapport avec d'autres instruments, tel que le piano, le violon, les différents instruments à vent ou autres, au moyen desquels les doigts ou les lèvres produisent des sons. Il faut donc de toute nécessité, soumettre à une sorte de gymnastique régulière et assidue les organes qui concourent à la situation de la voix, afin de les amener à cette obéissance parfaite, à cette plénitude de soumission qu'exige le domaine si vaste, en quelque sorte illimité, de l'expression dans le chant ou dans la déclamation lyrique. Je suppose qu'un élève pianiste exécute d'une façon défectueuse, devant son maître, tel passage ou tel morceau de musique, sonate ou autre.—"Ce n'est pas cela," dit le maître : "levez-vous." Et là-dessus, le maître s'assied au piano et joue le passage en question.—"Voilà comment il faut faire." Très-bien ; mais votre exemple m'est absolument inutile si je ne me suis mis, par un travail mécanique assidu et rigoureux, en état de liberté parfaite, et si, au lieu de la souplesse et de l'indépendance, je ne trouve dans mes doigts que raideur et indiscipline. On dit : "L'expression n'est pas une affaire de mécanisme, c'est une question de sentiment." Entendons-nous. Le sentiment est assurément le point de départ de l'expression ; mais il lui faut un *milieu*, un moyen de transmission. Un vieillard de beaucoup d'esprit disait, un jour : " Ce n'est pas le tout de *sentir*, c'est *rendre*." Or, sans exécution, en musique aussi bien qu'en dessin ou en peinture, il n'y a que maladresse. " Il n'y a pas d'*art* sans *science*," me disait M. Ingres. Grande parole que tous les artistes feraient bien de méditer. Croyez-vous que toute l'inspiration du monde sans science eût jamais produit Palestrina ou Michel-Ange, Raphaël ou Mozart, Rembrandt ou Beethoven ? Auber me disait : " Si je ne travaillais chaque jour, je ne saurais plus, au bout d'une quinzaine, comment écrire l'orchestre." Si telle est l'impérieuse nécessité d'entretenir par une culture assidue, par une pratique incessante, les facultés intellectuelles, à combien plus forte raison les aptitudes physiques ! Nous le voyons par l'exemples des acrobates que la persévérance dans l'exercice journalier rend capable d'exécuter des tours dont l'apparente témérité nous fait frémir, et cela, parfois, dans de tout jeunes et tout petits enfants. Or, la voix est produite par le jeu de certains muscles. Si ces muscles n'obéissent pas à ma volonté, toute mon expression se brisera contre leur résistance. Le sentiment sans l'exécution n'est plus un *maître*, mais un *esclave*. Cela est tellement vrai que le chanteur dont l'exécution est parfaite nous fait mille fois plus de plaisir que ces à-peu-près de soi-disant sentiments dont l'insuffisance est la plaie des arts et l'apogée de la médiocrité. Il existe, en peinture, des chefs-d'œuvre, de vrais et impérissables chefs-d'œuvres dont la perfection est uniquement et toute entière dans l'exécution, et n'a rien à faire avec le sentiment ou l'expression du sujet. On a fait des chefs-d'œuvre avec des meubles, des potiches, des fourneaux et intérieurs d'alchimie, des raisins et des fromages, &c. Cela ne nous émeut pas, mais cela nous ravit ; cela ne remue pas notre sensibilité, mais cela charme notre intelligence et nous donne cette impression si agréable de la perfection qui est parfois un plaisir presque égal à celui de l'émotion, quoique d'un autre ordre. Je ne parle pas des excentricités de la virtuosité ; elle a, sans doute comme l'expression, ses exagérations et ses caricatures ; je parle de cette pondération parfaite, de cet harmonieux équilibre qui est la grâce des proportions en toutes choses et qui produit cette tranquillité qui est la forme de l'Ordre et le privilège du Beau.

*(A continuer.)*

―――――

## LES COMPOSITEURS-CHEFS D'ORCHESTRE.

La question que j'aborde, soulèvra, je n'en doute pas, de nombreuses objections et de violentes oppositions. C'est ce qui arrive toutes les fois qu'on s'attaque à un usage invétéré, à des opinions reçues et d'autant plus difficiciles à déraciner que le sol sur lequel elles reposent est *la routine,* ce vaste et fatal domaine de l'insaisissable, ce *statu quo* dont toute la force est dans l'inertie, échappe à la discussion faute d'armes logiques, et dont le règne se perpétue et s'appesantit de toute l'insouciance avec laquelle on le supporte et de toute la nonchalance qu'on met à l'attaquer.

Partout ailleurs qu'en France, les compositeurs de musique ont l'occasion et la faculté de diriger, soit au théâtre, soit dans de grands concerts, l'exécution publique de leurs œuvres. En Italie, en Allemagne, cela s'est pratiqué de temps immémorial : et non-seulement on y a reconnu aux auteurs ce droit incontestable et le plus naturel du monde, mais on leur en a spontanément offert l'exercice. D'où vient donc qu'on le leur refuse en France, et quelles raisons donne-t-on de ce refus ?

On allègue que cette prétention du Compositeur est une atteinte *aux droits* et à la *dignité* du chef d'orchestre, et compromet son *autorité.* On ajoute que nombre de Compositeurs sont incapables de diriger un orchestre ou l'exécution d'une œuvre dramatique. Enfin, et pour trancher la question *ce n'est pas l'usage !*

Ainsi : 1° Les droits, la dignité, l'autorité du chef d'orchestre. 2° L'incapacité des Compositeurs. 3° L'usage.

Voyons un peu la valeur de toutes ces raisons. Et d'abord, les droits du chef d'orchestre.

En vertu de quelles lois ou quels principes, les droits

d'un chef d'orchestre excluent-ils le droit qu'a le Compositeur de diriger son ouvrage ? Le chef d'orchestre se considère-t-il comme indépendant du Compositeur ? N'est-il pas, avant tout, l'interprète, le mandataire d'une pensée *qui n'est pas la sienne*, et dès lors, son premier devoir n'est-il pas de se pénétrer de cette pensée d'une manière aussi complète, aussi parfaite que possible, et de n'être que la reproduction fidèle des intentions de l'auteur ?

On n'imagine pas à quel point une dérogation, légère en apparence, aux conditions de mouvement, d'accent, de nuances, telles que l'auteur les a conçues et voulues, peut altérer sa pensée et lui enlever son expression et sa couleur jusqu'à la rendre parfois *méconnaissable !* J'ai vu Richard Wagner se débattant comme un lion furieux dans la loge du Directeur de l'Opéra pendant la représentation du *Tannhæuser* à Paris et prêt, à tout moment, à sauter sur la scène et à escalader l'orchestre pour arracher le bâton des mains du chef qui dirigeait l'œuvre tout au rebours des intentions du Compositeur. On ne sait pas que le chef d'orchestre est le principal interprète d'une œuvre musicale, et que mieux vaut mille fois une troupe ordinaire avec un excellent chef d'orchestre, qu'un régiment d'*étoiles* avec un chef d'orchestre inférieur.

J'en appelle ici aux chefs d'orchestre eux-mêmes, et je les fais juges de la question. Y en a-t-il, un seul, parmi eux, qui, s'il était l'auteur d'une œuvre dramatique quelconque, en confierait *volontairement* et *volontiers* la direction à d'autres mains que les siennes ? Pas un.

Et c'est tout simple.

Il y a, dans une œuvre musicale (surtout dans une œuvre dramatique), une infinité de détails, d'intentions, de nuances, de touches instantanées, fugitives, mobiles comme des jeux de physionomie, indispensables à la vie musicale et scénique, dont il est impossible de fixer la valeur et le sens par aucun signe graphique, et qu'il faut absolument confier, livrer par voie de *tradition* à l'intelligence, à la mémoire et à la sensibilité du chef d'orchestre. Et s'il manque de mémoire ?—Et s'il n'a pas de sensibilité ?—Et s'il pêche du côté de l'intelligence ? (Car enfin tous ces inconvénients peuvent se rencontrer, soit isolément, soit tous ensemble : cela s'est vu ; cela peut ce voir encore ! . . .) Et voilà le compositeur obligé de dévorer, en silence, le tort fait à son œuvre par suite de méprises ou d'incapacités dont tout le dommage retombe sur lui. Croit-on, par hasard, qu'une conception musicale soit une selle à tous chevaux, une fantaisie en caoutchouc qui se prête indifféremment à tous les caprices de mouvements, de lumière ou d'ombre par lesquels on la fera passer ? Il faut être absolument réfractaire au sens musical, pour ne pas comprendre et ne pas sentir qu'une période musicale perd autant à être dénaturée dans son mouvement que dans sa forme, et que l'exactitude dans l'observance du mouvement est une condition essentielle à l'intelligence de l'idée même dont l'impression peut être détruite et le sens complétement défiguré par l'altération du mouvement.

Il y a des chefs d'orchestre froids et apathiques : il y en a de brouillons et emportés ; j'en ai connu qui ramenaient tous les mouvements (les *allegros* aussi bien que les *adagios*) à une sorte de *moderato* uniforme, insipide, sans caractère et sans accent, dont la monotonie semblait être la pulsation tranquille de leur propre indifférence.

Eh bien ! je demande honêtement une réponse honnête, sans ambages, sans plaisanteries et sans lazzis ; est-ce que cela est juste ?

Est-ce que cela est respectueux ? est-ce de la probité ? est-ce que ce n'est pas de la *calomnie* intellectuelle, la pire de toutes, puisque le public ne peut voir que ce qu'on lui montre et que la victime ne peut pas plaider en diffamation ? Comment ! un homme a dépensé son âme, son cœur, son recueillement, l'observation intérieure, assidue, scrupuleuse de toute une vie ; il a tâché de fixer, dans cette langue fugitive et délicate de sons, une image sincère, fidèle, de ces mille aspects de la sensibilité humaine, pour que le premier venu, étranger peut-être, vienne niveler sous le bâton de l'incurie ou de l'intelligence tout ce qu'il peut y avoir de délicat, d'intime, de coloré, d'individuel dans une œuvre qui est le portrait d'une nature et peut-être d'un monde ! Mais cela est la monstruosité de l'absurde et du cruel. Je le répète, il faut n'avoir aucun soupçon de ce que c'est que l'expression dans chacune de ses ressources soit vocales, soit instrumentales, pour ne pas comprendre la relation étroite, l'identité intime qui existe entre l'esprit qui a conçu et la main qui dirige et anime l'ensemble et le détail de l'exécution.

On répond : "Mais le chef d'orchestre suit les répétitions !" Cela ne veut rien dire. Il les suivrait pendant cent ans, sans profit, s'il manque d'intelligence, de mémoire ou de sensibilité. Le meilleur et le plus sûr pour lui, c'est une série de représentations devant le public, sous la direction de l'auteur.

Interrogez Richard Wagner, Félicien David, les souvenirs d'Offenbach, les écrits de Berlioz, ce grand coloriste, dont la main semblait faire vibrer elle-même les sons de l'orchestre qu'elle animait, et vous verrez quelle part d'influence revient à la direction personnelle de l'auteur sur la clarté d'exécution et par conséquent sur les chances de succès de son œuvre.

Passons maintenant à la question de *dignité* du chef d'orchestre.

Que veut-on dire quand on prétend que la *dignité* de chef d'orchestre est outragée s'il cède au compositeur le bâton de la direction ? J'avoue et je déclare sincèrement que je ne le comprends pas.

Le désir qu'éprouve un auteur de diriger son œuvre n'implique nullement que le chef d'orchestre ne soit pas un musicien très-recommandable, très-expérimenté, très-capable de remplir parfaitement les fonctions dont il est chargé. La question est simplement celle-ci : "Pour bien diriger une œuvre musicale, pour en donner une interprétation juste, fidèle, véridique, il faut absolument connaître et posséder parfaitement les rapports de nuances, d'accent, de mouvement qui relient entre elles les diverses périodes d'un même morceaux, et entre eux les divers morceaux d'un même ouvrage. Le sens et le coloris d'une œuvre sont à cette condition." Or, je le demande, y a-t-il un seul chef d'orchestre, même le meilleur, qui puisse prétendre avoir dans l'esprit une synthèse et une analyse aussi exactes d'une œuvre quelconque que le compositeur qui l'a exprimée dans des termes dont lui (l'auteur) connaît, mieux que qui que ce soit, le rapport avec l'objet qu'il a voulu peindre ?

Je le répète, et on ne saurait trop le redire, le désordre, la perturbation introduits dans une œuvre musicale par les contre-sens de toute nature auxquels peut aboutir la négligence ou l'ignorance sur les intentions du compositeur sont quelque chose d'incalculable et peuvent causer à son œuvre un préjudice dont on semble ne pas se rendre compte. Un degré de lenteur *de plus* dans tel allegro, ou *de moins* dans tel adagio, suffit souvent pour enlever à l'un son entraînement et à l'autre sa solennité, et par conséquent pour altérer et même détruire l'impression qu'ils étaient destinés à produire.

On paraît ignorer que *l'idée musicale* ne consiste pas uniquement dans le son que représentent les notes, mais aussi et essentiellement dans les conditions esthétiques de ces mêmes sons, c'est-à-dire dans leurs rapports de mouvements et de nuances, qui constituent leur expression et leur physionomie. Ces conditions varient à l'infini : elles sont aussi multiples et aussi délicates que le sont, dans l'art de la peinture, ces milles chatoiements de glacis, ces milles souplesses de pâtes et demi-pâtes, ces frottis légers et rapides que la brosse saisit comme par instinct sur la palette, et dont le peintre lui même n'aura peut-être pas le secret deux fois dans sa vie, quelque connaissance qu'il ait de son art, parce que ces touches sont passagères, fugitives, insaisissables comme la vie qui les a fait deviner, et comme l'heure qui les a inspirées.

On m'accordera sans peine, je suppose, que tout cela constitue un monde de détails dont l'altération ou la suppression n'équivalent à rien moins qu'à une *diffamation* musicale, à une véritable *calomnie*. On m'accordera, je pense, également qu'il est impossible de se pénétrer d'un pareil ensemble à moins d'avoir entendu souvent et suivi avec une attention scrupuleuse toutes les ondulations, toutes les sinuosités de cette machine vivante qu'on appelle une œuvre d'art musical, et dont la régularité mathématique du métronome ne saurait donner la moindre idée.

Il ne faut pas honorer du nom *de dignité* toutes les formes que peut revêtir la susceptibilité de l'amour-propre. Avec un criterium aussi mobile, aussi arbitraire que cette disposition à voir une offense dans les moindres avis et une blessure dans les moindres observations, il est absolument impossible d'apprécier avec justice ce que la dignité nous impose et ce qu'elle nous interdit.

Rien au monde n'est plus digne que le sentiment qui

nous fait reconnaître et avouer qu'il est de notre devoir absolu de nous pénétrer intimement d'un *mandat*, quel qu'il soit, dès que nous l'acceptons. Or, qu'est-ce que la fonction de chef d'orchestre ? un mandat. Le chef d'orchestre, si le compositeur est vivant, est un délégué de ses intentions ; si le compositeur est mort, le chef d'orchestre est un délégué de la tradition. En tous cas, il est tenu en conscience de *se renseigner* et non pas *de s'imposer*. Sa vraie dignité, c'est de ne rien négliger de ce qui peut le mettre en communion complète et intime avec la pensée de l'auteur.

Admettons que le chef d'orchestre s'en rapporte à sa propre intelligence (que je suppose réelle et que je ne discute pas) ; qu'arrivera-t-il ? C'est qu'au lieu de faire aux œuvres diverses leur part de variété dans l'interprétation, il les ramènera toutes fatalement à l'uniformité de sa propre manière de comprendre et de sentir ; il jettera sur toutes ces conceptions de tempéraments si divers la monotonie de son propre tempérament, tant il est vrai que notre intelligence propre ne saurait nous soustraire, à elle seule, aux suggestions de notre sensibilité. Je ne terminerai pas cette partie de mes réflexions sur le sujet qui m'occupe sans y faire une part à la nomination récente du nouveau chef d'orchestre de l'Opéra.

Lorsque j'ai commencé ce travail, je venais d'apprendre la mort de Georges Hainl, et j'ignorais qu'il fût déjà remplacé, comme je l'appris, quelques jours plus tard : Ernest Deldevez, qui lui succède, est un musicien de trop de mérite pour que je ne réclame pas ma place parmi les sympathies qui auront accueilli son avènement. Deldevez a été mon condisciple au Conservatoire, dans le classe de composition d'Halévy. J'ai toujours trouvé en lui un artiste consciencieux et un musicien sévère et accompli. Membre de la Société des Concerts du Conservatoire depuis près de 35 ans, il a vécu et grandi au contact des grands maîtres, sous les traditions de l'illustre Habeneck, dont il remplit aujourd'hui les fonctions à la Société des Concerts aussi bien qu'à l'Opéra. Deldevez est donc, par la valeur de son éducation traditionnelle et par son propre mérite musical, un des exemples de garantie et de sécurité les plus concluants que je puisse invoquer. Il a été un *témoin* ; il est un *héritier* du patrimoine de notions, d'ex-

périence, de transmission des doctrines qui l'ont formé
lui-même : il a ses titres de créance d'une part, et de
l'autre il a fait ses preuves. Son arrivée au double poste
qu'il occupe aujourd'hui sera donc saluée avec joie par
tous ceux qui ont quelque souci et quelque idée des qualités nombreuses et sérieuses que doit réunir en lui le chef
d'orchestre considéré comme homme et comme artiste.

J'ai tâché de fair voir qu'en reconnaissant aux compositeurs le droit de diriger leurs œuvres, le chef-d'orchestre
non-seulement conserve *sa dignité* intacte, mais encore
*fait preuve* de dignité. Je veux montrer aujourd'hui que
*son autorité* loin d'être, ainsi qu'on le prétend, compromise
par cette déférence, y trouve, au contraire, une garantie et
une sanction.

Il faut, avant tout, s'entendre sur le sens de ce mot,
*l'autorité ;* comme c'est un mot plein de tempêtes, gros de
conflits de toute sorte, prétexte et mot d'ordre des prétensions les plus oppressives, et, en même temps, prérogative
des droits les plus incontestables, je suis bien aise de le
rencontrer sur mon chemin, et j'essaierai de dissiper,
autant qu'il me sera donné de le faire, les nuages de
sophisme et de paradoxe dont on l'enveloppe et qui en
obscurcissent le sens et en amoindrissent le crédit.

Ce serait une erreur grossière de croire que l'autorité
procède de la volonté : elle procède de l'intelligence.

Ce n'est point la force qui fait l'autorité, c'est la lumière.
L'autorité n'est pas une contrainte, c'est une persuasion :
elle détermine non pas l'obéissance à contre-cœur, mais la
soumission volontaire, l'adhésion du consentement intime.
Un homme vient de dire une sottise, un autre la réfute par
un mot de sens commun et s'empare des suffrages : voilà
l'autorité. Il n'a pas dit : Vous devez me croire, je veux
que vous me croyiez ;—il n'a pas imposé sa volonté ; c'est
uniquement la somme de vérité contenue dans sa parole
qui a triomphé de la somme d'erreur contenue dans celle
de son adversaire. L'autorité est donc, par nature et par
droit, en raison directe de la vérité, contrairement au principe mensonger : "*La force prime le droit.*" Ce que j'ai
dit de la force, il faut l'appliquer à la routine qui n'est que
la force du convenu, se substituant au mécanisme légitime
et au libre exercice du droit et de la vérité.

Ces quelques mots sur la nature et le caractère del'autorité me semblent suffisants pour mettre dans son véritable jour ce qu'il faut entendre par l'autorité du chef-d'orchestre, et pour résoudre les malentendus que peut engendrer et maintenir la méprise sur cette question.

Si l'autorité est en raison de la lumière, il est évident que la confiance et la soumission envers cette autorité se mesureront à la somme de lumière qu'elle représente.

Il est donc clair que plus un chef-d'orchestre s'assimilera de rayons au foyer de lumière original, plus il multipliera parmi les membres de son orchestre les chances de respect envers son autorité. Or, chez qui cette autorité est-elle plus concentrée que chez l'auteur? Qui, mieux que lui, peut la conférer à un autre que lui? Tout autre que lui est, en quelque sorte, un *second* chef-d'orchestre, un délégué, un *vicaire*. Avoir vécu, agi, éprouvé sous la direction personnelle de l'auteur, avoir reçu la transmission de sa pensée, non pas sous cette forme incomplète et glacée de l'explication, mais vivante, sensible, transformée en émotion directe, soudaine, palpitante, n'est-ce pas la meilleure et la plus sûre garantie de fidélité à la parole créatrice? L'autorité du délégué trouvera-t-elle jamais une base plus solide, et l'indépendance de ses propres vues aura-t-elle jamais raison et droit d'en tenir lieu?

Assurément, il y a des œuvres musicales qui ont, plus ou moins les unes que les autres, à perdre ou à gagner sur ce terrain de la fidélité scrupuleuse aux intentions de l'auteur. Mais il y a des œuvres sérieuses, graves, profondes, prises dans les replis les plus intimes, les plus délicats de la physionomie humaine : ces œuvres ont la valeur et la mission du *portrait :* en altérer les moindres lignes, c'est enlever au portrait tout l'intérêt de sa ressemblance, et le réduire à *un poncif*, à une figure de confection, dénuée de toutes les particularités qui en composaient *le caractère*, cette saveur de la personnalité.

Je sais que beaucoup traiteront ces réflexions de chimériques, peut-être même de puériles, mais peu importe ; ce qu'il importe d'établir, c'est la nécessité pour le chef-d'orchestre d'être un *traducteur* fidèle de la pensée de l'auteur, sous peine d'être un *trahisseur*, selon le vieil adage italien : "*traduttore, traditore.*" C'est précisément ce degré d'intelligence et de sensibilité qui fait que les chefs-d'orchestre éminents sont des produits très-rares, et ce n'est assurément pas le maintien de leur autocratie qui en augmentera le nombre.

La grande affaire, au fond, c'est de soustraire l'œuvre d'art à la servitude de *la lettre qui tue*, et de la mettre sous la garde de *l'esprit qui vivifie*. Platon disait, avec cette admirable intuition des choses idéales qui lui a mérité le surnom de " divin," qu'un livre est "*une parole qui n'a plus son père pour la défendre.*" Une partition est un *livre ;* il faut faire en sorte qu'elle reste le plus possible *une parole ;* et pour cela, il faut qu'elle ait autant et aussi souvent que possible " son père pour la défendre," c'est-à-dire pour être la figure dont le texte n'est que l'enveloppe extérieure et muette, l'âme dont le livre n'est que le corps, la *vivante parole* dont les notes écrites ne sont que *la voix*.

On ne saurait trop le redire : de tous les arts, y compris l'art littéraire, la musique est le plus sujet à subir des altérations dans son trajet entre la pensée de l'artiste et le public. Les autres arts ont une forme plus précise ; de plus, cette forme est fixée par l'auteur lui-même, directement, sans la coopération d'intermédiaires sujets à la dénaturer : entre l'œuvre du peintre et du sculpteur et le public, il n'y a personne ; entre le public et l'œuvre du musicien, il y a tout un monde ; ce monde peut-être ou transparent ou opaque, il peut transmettre ou intercepter le rayon. Qu'une œuvre littéraire soit récitée, lue, déclamée avec plus ou moins de vérité dans l'intonation, sans aucun doute, cela n'est pas indifférent ; mais, du moins, il reste toujours à l'œuvre littéraire la présence du *mot, signe d'idée*, qui appartient à un vocabulaire déterminé, et dont la signification est la même pour chacun des auditeurs ou des lecteurs.

Combien il en va autrement pour le signe musical ! Outre que la lecture n'en est accessible qu'à un public spécial et limité, combien le signe lui-même n'est-il pas susceptible de devenir non le *sens* mais le *contre-sens*, entre les mains d'un interprète peu ou point renseigné sur sa véritable signification ! Une phrase musicale faussée dans son mouvement, dans son expression, c'est une lettre que le facteur substituerait en route à celle qu'on lui aurait confiée ; c'est un message mal rempli, dont l'inexactitude retombe toute entière non sur le messager, mais sur celui qui l'a envoyé.

Le chef-d'orchestre est un mandataire: plus il aura le sentiment et la conscience de son mandat, plus il dégagera sa responsabilité, plus il affermira son autorité sur une base solide et inébranlable.

Enfin, dit-on, les compositeurs n'ont pas à se mêler de conduire les ouvrages, ce n'est pas leur affaire; il y a des gens pour cela : " *A chacun son métier, et les vaches seront bien gardées.*" D'ailleurs, *ce n'est pas la coutume.* Nous y voilà donc! Toujours l'argument péremptoire choisi avec soin et prédilection dans ce qu'il y a de plus absurde. Ce n'est pas la coutume! Eh bien! Qu'on la change. Est-ce que ce sera la première fois? Nous passons notre vie à cela, fort heureusement. Est-ce que la mode ne change pas? Qu'est ce donc que la mode, sinon la coutume? Vraiment, tâchons de nous guérir de la maladie de ces réponses fades, machinales, automatiques: c'est une véritable léthargie. On invente les chemins de fer, dont la rapidité me permet, à moi chirurgien, d'arriver assez vite auprès d'un blessé, d'un mourant, pour lui sauver la vie par une opération: mais la coutume est d'aller en diligence; je prendrai la diligence: j'arriverai trop tard, peut-être; qui sait si le patient n'aura pas succombé d'épuisement et de souffrances! . . . . Le chemin de fer m'eût permis d'arriver à temps! . . . . Mais ce n'est pas la coutume.

Le domaine public, ce voleur anonyme, s'empare d'une de mes œuvres à moi compositeur; il va enrichir l'éditeur de mon opéra, le directeur qui monte l'ouvrage et les chanteurs qui vont le chanter; enfin tout le monde, excepté moi, l'auteur. Quant à moi, je reste sur la paille et j'y meurs, parce que c'est la coutume. Sans doute, des conventions (soit nationales, soit internationales) pourraient substituer à ce régime des mesures plus larges de justice et d'humanité; ces mesures apparaîtront dans un temps donné :—mais, c'est ne pas la coutume. En attendant, va, pauvre artiste, travaille, souffre, pleure, creuse ta tombe en même temps que ton idéal, et meurs à la peine en ravissant au ciel la lumière et le feu qui vont éclairer et réchauffer tes semblables: c'est la coutume!—J'entre en relations avec un éditeur de Londres; cet éditeur, après m'avoir deux fois amené à consentir à une diminution sur des prix médiocres convenus verbalement entre nous,

essaye une troisième fois de me retenir la moitié d'une somme qu'il me doit : je lui intente un procès ; au bout de six mois, et au moment de plaider, il recule et s'exécute. Je raconte les faits ; il m'intente à son tour un procès en diffamation. Nous sommes cités devant le tribunal ; on l'interroge en détail, lui, plaignant, ainsi que son témoin ; on les écoute tous deux avec patience et recueillement : j'en conclus que c'est la coutume. Mon tour arrive : on m'interroge à peine, non plus que mon témoin ; on ne confronte pas les dénégations de mon adversaire avec mes affirmations. A peine m'a-t-on posé une question que le bruit couvre et décapite mes réponses ; ma situation et mon langage d'étranger compliquent l'obscurité du débat, si bien que je suis jugé et condamné sans être entendu !
—Est-ce aussi la coutume ?—

Je pourrais multiplier les exemples et prolonger à l'infini cette liste douloureuse des griefs contre la déesse " Coutume." J'en ai dit assez pour attirer l'attention des gens qui pensent et réveiller les gens qui dorment. Fort de ma justice et de la conscience de mon droit, je suis déterminé, et je l'ai écrit publiquement, à ne pas payer un liard de la somme à laquelle m'a condamné un jury dont la conscience a été non pas éclairée, mais induite en ignorance. Fort, également, de la conscience du vrai et de la justice des réformes que je propose en ce moment, je dis :

La guerre est partout, ici-bas, entre l'*Idéal* et le *Réel*. L'Idéal nous sollicite par une attraction qui nous développe et nous élève ; le Réel nous retient par une attraction qui favorise notre paresse et nous enchaîne sous l'empire de la routine.

L'Idéal est le principe *positif*, indestructible, effervescent de toute réforme, de toute révolution, de tout progrès ; le Réel est le principe *négatif*, inerte et passif, de toute somnolence, de toute servitude, de tout *statu quo*. L'un est le mouvement, l'autre, l'immobilité. Ces deux forces, en harmonie constante dans l'univers, où leur concours produit la gravitation des astres, sont, dans l'histoire de l'esprit humain, à l'etat de lutte perpétuelle, et leur prépondérance alternative mesure la lenteur ou la rapidité de notre marche.

Nous ne savons que trop, hélas ! le temps qu'il faut, en toutes choses, à l'idéal, pour tirer la Société des ornières du Réel. La simplicité, la bonhomie, la candeur de l'idéal sont tout ce qu'il y a de plus opposé au clinquant et au tapage des objets ou des raisonnements qui ébahissent la foule.

Aussi, à l'Idéal, les réussites tardives, à longue échéance, mais durables, séculaires, immortelles ; au Réel, les succès faciles, immédiats, mais éphémères ; et finalemement la défaite certaine.

L'histoire de l'humanité est un empiétement sans relâche de l'Idéal sur le Réel, c'est-à-dire de *ce qui doit être* sur *ce qui est,* ainsi que l'exprimait admirablement Raphaël, dans sa définition sur l'Art, qui, disait-il, "consiste à voir les choses non pas telles que la nature nous les montre, mais telles qu'elle aurait dû les faire."

Les prisons de la Routine sont toujours debout, et les murs sont épais. De loin en loin un détenu s'échappe et jette l'alarme dans le camp de l'opinion : le levain nouveau soulève la vieille pâte ; la masse fermente, et, un beau jour, on voit ce qui révoltait hier la banalité de tous, satisfaire aujourd'hui le sens commun de tous.

La coutume est un phénomène de temps et d'espace ; le temps et l'espace ont des limites ; la vérité n'en a pas. La lenteur des communications a fait découvrir la vapeur et l'électricité.—Eh bien ! moi, je demande qu'à la lenteur de nos communications avec le public par le moyen des vieux coches, fiacres, diligences, vehicules de toute sorte de l'intelligence humaine, on substitue la communication directe, instantanée, magnétique, brûlante, lumineuse de la flamme originale, du regard personnel, du geste soudain et passionné ; en un mot, je demande qu'on reconnaisse, en principe et en fait, à ce corps qui s'appelle un orchestre, son âme, son cœur et sa tête légitimes, le compositeur.

Mais, me dira-t-on, l'auteur ne peut pas être partout où l'on joue son œuvre, et d'ailleurs, beaucoup ne se soucieraient pas de cette vie errante à laquelle les obligerait votre théorie de transmission personnelle de leur pensée. —J'en conviens : mais il y a quantité de chefs d'orchestres étrangèrs qui viennent se renseigner à la représentation, soi-doisant authentique d'une œuvre, dans le pays même où l'œuvre a paru d'abord : ce serait donc bien le moins que l'on concentrât sur cette exécution modèle, sur ce type primitif, toutes les chances de perfection, et que l'on neutralisât ainsi, autant que possible, les chances de déviation dont les effets (j'ai pu en juger moi-même) sont parfois monstrueux.

On allègue encore *l'incapacité* des auteurs pour diriger leurs œuvres. Un moment. Tous ne se trouvent pas dans ce cas. J'ai nommé Berlioz, Félicien David, Wagner, que de nombreux auditeurs ont vus à l'œuvre ; j'aurais pu citer l'illustre Mendelssohn, que j'ai eu l'occasion de voir diriger ses ouvrages à Leipsic en 1843 : Je ne sache pas qu'on ait contesté à ces musiciens célèbres la capacité de chef d'orchestre, et je suis certain que l'exécution et l'intelligence de leurs œuvres n'a pu que gagner sous leur direction personnelle, et, par conséquent, décider peut-être un succès qui eût passé à côté d'exécutions moins fidèles, et par là, moins intelligibles.

Mais enfin, dans le cas où le compositeur n'a pas l'instinct où l'expérience de la direction d'un orchestre, il est clair que la question est résolue ; il faut bien qu'il s'en remette à quelqu'un d'autre pour remplir cet office et ma thèse implique et maintient la nécessité du chef d'orchestre.

Je termine ces réflexions que j'aurais pu développer davantage ; elles suffisent, je pense, à démontrer que les raisons qu'on allègue pour contester aux auteurs le droit de conduire leurs œuvres se réduisent à *des préjugés*.

Comme il est peu probable que j'applique personnellement les réformes que je suggère, on ne soupçonnera pas mes arguments d'avoir été dictés par un mouvement de partialité. Ce que je souhaite, c'est qu'on donne à un art aussi fugitif, aussi délicat, aussi pénétrant que la musique, tous les moyens possibles d'échapper à des infidélités d'expression et d'intention qui, je répète, peuvent dénaturer une œuvre musicale au point de tromper absolument l'auditeur sur la véritable pensée du compositeur.

## LES PÈRES DE L'EGLISE DE LA MUSIQUE.

### ÉTUDES ESTHÉTIQUES.

Toutes les grandes manifestations de la pensée humaine laissent dans leur histoire autre chose que des traces isolées; elles y laissent un sillon d'une certaine nature qu'on nomme une *tradition*. La tradition est la transmission d'un héritage permanent, d'un patrimoine progressif, d'une richesse accrue. Elle est un fleuve qui coule vers l'ocean du Beau universel et qui recueille dans son cours les affluents de toutes les beautés particulières. Elle guide sans entraver; elle contient sans asservir; elle développe sans étioler; elle est à la multiplicité des intelligences, ce que l'unité est au discours, ce que l'harmonie est au tableau, ce que la tonalité est à l'œuvre musicale. Elle est, en Art comme dans tout le reste, le *garde fou* de la Raison générale qui nous préserve contre les écarts et les vertiges de la raison isolée et, par cela même, mutilée. "Væ Soli," dit l'Ecriture. La Tradition est la tutrice sociale de l'individu; c'est l'être collectif se faisant la sauvegarde de l'être privé.

Mais la Tradition ne se présente pas dans toutes les tendences de la pensée humaine avec un égal degré d'évidence et de certitude. Dans l'ordre des vérités religieuses, morales, scientifiques, elle est la base d'un état mental auquel on donne le nom d'orthodoxie et qui implique, sinon la totalité du vrai, au moins l'absence de l'erreur. Il s'en faut qu'il en soit de même sur beaucoup d'autres points, comme, par exemple, en politique, en philosophie, en sociologie, ou en Art. Assurément la Raison du Beau est contenue, tout comme celle du Bien et du Vrai, dans un seul et même Idéal dont la lumière *une* se brise pour ainsi dire en trois rayons distincts correspondant à nos trois manières d'entrer en rapport avec l'absolu. Le Bien, le Vrai et le Beau sont *consubstantiels :* mais tous trois n'ont pas reçu cette faveur spéciale d'avoir été sanctionnés sur terre par l'affirmation formelle et explicite d'une Personne Divine et d'un Verbe infaillible : en un mot, l'Art n'a pas reçu son Évangile par voie de Révélation. Son histoire, néanmoins, présente une série de docteurs dans laquelle il est impossible de méconnaître une sorte de généalogie. On sent qu'un même principe éclaire leur intelligence et se manifeste dans leurs œuvres à travers la diversité de leurs tempéraments et de leurs dialectes, et que, sous des *langues* différentes, ils parlent le même *langage*.

Ainsi que l'efficace de la grâce laisse subsister chez les saints tout ce qui constitue leur physionomie propre, de même le sens du Beau respecte, en les exaltant, tous les dons personnels qui distinguent les grand maîtres. Les Beaux Arts ne sont que des expressions diverses de l'Art, c'est-à-dire du sentiment du Beau se manifestant par la forme, et cette forme varie selon les différents milieu qui lui servent de vêtement, à savoir, le dessin, la couleur, le marbre, la pierre, la vibration de l'air et des corps sonores, &c. Car les sens ne sont que des moyens de transmission, mais l'*esprit seul* perçoit le Beau dont la substantialité, étant immatérielle, est, par là, purement *intelligible*. C'est précisément cette tranquillité d'harmonie, cette paix de l'ordre, cette sérénité immuable, qui constitue l'*autorité* des grand maîtres quels qu'ils soient, et qui, les rattachant entre eux par un lien supérieur, en fait les représentants d'une véritable tradition.

On croit généralement que l'inspiration est un phénomène inconscient désordonné, sans autre règle que le caprice, sans autre raison qu'une secousse du tempérament : c'est une très-grossière méprise. L'inspiration est l'apogée de l'état normal ; c'est le sommet de la raison. Le charme de l'inspiration n'est pas autre chose que la satisfaction qui résulte de l'équilibre parfait, et qui est en quelque sorte la béatitude de l'intelligence. C'est ce qui explique pourquoi la perfection du Beau est aussi calme, aussi paisible, je dirais volontiers aussi humble que la perfection morale : elle diffère autant des entraînements déréglés de l'agitation et de la fièvre que la santé diffère de la maladie, que l'amour diffère de la passion. Les maîtres de la Vie Esthétique peuvent donc être comparés aux maîtres de la Vie Spirituelle, en ce sens qu'ils sont, comme eux, les dépositaires et les gardiens d'une *doctrine*.

et que le degré de conformité à cette doctrine marque le niveau de la Vie Esthétique.

Le Génie est donc la plus haute expression de la Raison esthétique, comme la sainteté est la plus haute expression de la Raison morale. Le Génie se distingue du Talent au degré ou la Raison se distingue de ce qu'on nomme l'*esprit*. Un philosophe éminent a dit: "L'esprit, c'est l'intelligence moins la raison." Cette définition si fine et si juste peut s'appliquer au talent. Le talent, dans l'art, c'est l'esprit. Le talent est pétri de ces mille petites coquetteries qui séduisent le monde ; il a cette souplesse aimable que le public préfère à tout parce qu'elle s'accommode de tout, se plie à tout, ne choque rien de ce qui est reçu et n'affirme rien de ce qui ne l'est pas. Le Génie a la hardiesse de la chasteté ; il est audacieux parce qu'il est indépendant ; il ne craint pas de froisser la coutume, parce qu'il se sent sous la protection de la vérité qui le rend libre. Cette différence de préoccupation rend la lutte inégale entre le Génie et le Talent devant l'opinion contemporaine. Le succès est un *niveau*, et, forcément, l'homme qui plane au-dessus de la multitude lui paraît plus petit que celui qui vit près d'elle et de la même vie. Tout ce qui nous grandit nous isole et nous recueille, et le recueillement, à son tour, nous grandit en nous dilatant, et nous apaise en nous élevant. Le Génie implique donc une sorte d'exil tant par la solitude vers laquelle il entraîne, que par la distance qu'il crée entre ses élus et la foule : il s'identifie ainsi avec l'ascétisme. C'est dans cette vie toute de retraite que surabondent les joies intérieures dont "l'Imitation" a dit : "Cella continuata dulcessit," et dont St. Augustin fixait la place et la condition dans cette formule profonde de la vie spirituelle : "Ab exterioribus ad interiora ; ab interioribus ad superiora." Le Talent est essentiellement mondain et desireux du succès ; le Génie est essentiellement austère et ne s'inquiète pas de réussir. L'un a les complaisances du courtisan, l'autre a le courage de la foi ; l'un a des clients et des spéculateurs, l'autre, des soldats et des martyrs. Le Talent touche au commerce par l'intérêt qu'il se porte à lui-même ; le Génie touche à l'apostolat par l'abnégation : et, comme il est en perpétuel antagonisme avec la paresse de l'habitude, les efforts qu'il impose et les vérités qu'il expose lui font autant d'ennemis des mensonges qu'il accuse et des erreurs qu'il combat. C'est " Lumière luisant au milieu des ténèbres qui ne la comprennent pas " et qui la repoussent. C'est pourquoi, tandis que les triomphes rapides du Talent sont éphémères et s'expient par des retours humiliants, les victoires du Génie sont lentes mais définitives.

*(A continuer.)*

www.ingramcontent.com/pod-product-compliance
Lightning Source LLC
Chambersburg PA
CBHW060155100426
42744CB00007B/1045